MASAKAN SERANTAU LENGKAP ENGLAND

100 Resipi Teruji Masa dari Permaidani Masakan Kaya England

Jane Manicka

Bahan Hak Cipta ©2024

Hak cipta terpelihara

Tiada bahagian buku ini boleh digunakan atau dihantar dalam apa jua bentuk atau dengan apa cara sekalipun tanpa kebenaran bertulis yang sewajarnya daripada penerbit dan pemilik hak cipta, kecuali petikan ringkas yang digunakan dalam semakan. Buku ini tidak boleh dianggap sebagai pengganti nasihat perubatan, undang-undang atau profesional lain.

ISI KANDUNGAN

- ISI KANDUNGAN 3
- PENGENALAN 7
- **SARAPAN PAGI** 8
  1. Sosej Klasik dan Muffin Telur 9
  2. Oatmeal Inggeris 11
  3. Sarapan Inggeris Penuh 13
  4. Telur dadar Inggeris 15
  5. Lempeng Kentang Inggeris 17
  6. Lempeng Wicklow 19
  7. Sarapan Inggeris Tradisional 21
  8. Scones Sarapan Inggeris 23
  9. Sosej Sarapan Inggeris 25
  10. Kotak kentang bahasa inggeris 27
  11. Telur Syaitan Inggeris 29
  12. Sandwic Salad Telur 31
  13. Telur Scotland 33
  14. Sarapan Inggeris Vegetarian 36
  15. Roti Bakar Salmon dan Avokado Asap 38
- **SELERA MAKAN DAN SNEK** 40
  16. Puding hitam 41
  17. Keju pub InggerisDip 43
  18. Muffin Kopi Inggeris 45
  19. Nachos Bahasa Inggeris dengan Topping Reuben 47
  20. Guinness Peluncur Daging Korned 50
  21. Bebola Daging Berlapis Guinness 53
  22. InggerisPub Pasties 55
  23. Roti Sosej Inggeris 58
- **BIDANG DAN ROTI** 61
  24. Scone Keju Sedap 62
  25. Roti Soda Inggeris 64

26. Roti Gandum Inggeris 66
27. Bahasa Inggeris Atau Dublin Memanjakan 68
28. Inggeris Dengan Krim Masam 70
29. Bahasa Inggeris Roti Rumah Ladang 72
30. Roti Oat Bahasa Inggeris 74
31. Roti Yogurt Inggeris 77
32. Roti Soda Gandum Seluruh Inggeris 79
33. Roti Bir Inggeris 81
34. Roti Barmbrack Inggeris 83
35. Roti Jeragat Inggeris 85
36. Roti Rempah 88

HIDANGAN UTAMA 90

37. Juara Inggeris 91
38. Colcannon Dengan Kubis Atau Kale 93
39. Ayam Dan Leek 95
40. Dieja Dan Daun Bawang 97
41. Ikan Kod Dengan Safron Dan Tomato 99
42. Merpati Dan Gempal 101
43. Periuk panas kambing 103
44. Kuah Ayam Dengan Banyak Kebaikan 105
45. Kubis Dan Bacon 107
46. Ikan Haring Sumbat Bakar 109
47. Saderi Rebus 111
48. Ikan Salmon Berkulit Lima Rempah Dengan Sauerkraut 113
49. Kerang Mentega Panas 116
50. Bahasa Inggeris Cinnamon Potatoes 118
51. Bahasa Inggeris Pinggang Babi Dengan Limau Dan Herba . 120
52. Babi Inggeris Dalam Gempal Dengan Rempah 122
53. Ikan trout dibakarInggerisStyle 125

STEW DAN SUP 127

54. Stew Kambing Inggeris 128
55. Parsnips Bakar Gaya Inggeris 130
56. Chowder Makanan Laut Inggeris 132
57. Rebusan Ayam Dengan Ladu 134
58. Sup Krim Kerang 137

59. Sup Kacang Segar 139

60. Sup Krim Kentang Inggeris Segera................................141

61. Sup Turnip Dan Bacon 143

PENJERAHAN 145

62. Tukang kasut Hutan Hitam 146

63. Epal rangup 148

64. Tukang kasut Beri Campuran Dengan Biskut Gula ...150

65. Mini Kek Gerimis Limau..153

66. Biskut Teh Ruby 155

67. Kuki Roti Pendek 158

68. Strawberi Eton Mes..160

69. Passionfruit Posset 162

70. Pai Banoffee Klasik 164

71. Banoffee Kek keju 166

72. Lelaki Kuning Inggeris 168

73. Puding Fudge Dengan Hazelnut Dan Krim Frangelico 170

74. Rhubarb panggang 173

75. Puding Lumut Karageen 175

76. Puding Roti Dan Mentega 177

77. Jeruk Bakar...179

78. Kek Krim Inggeris 181

79. Cod Tukang kasut 183

80. Kek Teh Inggeris Berkaca..185

81. Kek Coklat Inggeris 188

82. InggerisCoffee Torte 190

83. Yogurt Beku Krim Inggeris 192

84. Pai Labu Krim Inggeris 194

MINUMAN 196

85. Piala Pimm..197

86. Bunga tua Fizz 199

87. Gin dan Tonik dengan Putar belit 201

88. Kilauan Kordial Hitamcurrant 203

89. Earl Grey Martini 205

90. Kopi Inggeris 207

91. Halia Campbell 209

92. Kopi Inggeris Klasik 211
93. Punch Kopi-Telur 213
94. Kopi Kahlua 215
95. Cappuccino Inggeris Bailey 217
96. Bahasa Inggeris Lama yang Baik 219
97. Kopi Bushmills 221
98. Kopi Inggeris Hitam 223
99. Kopi Rum 225
100. Penembak Wiski 227

KESIMPULAN 229

PENGENALAN

Selamat datang ke "Masakan Serantau Lengkap England," pasport masakan anda untuk menerokai 100 resipi yang telah diuji masa daripada permaidani masakan England yang kaya. Buku masakan ini adalah perayaan pelbagai rasa, hidangan tradisional dan warisan masakan yang mentakrifkan masakan serantau England. Sertai kami dalam perjalanan yang melangkaui ikan dan kerepek yang ikonik, menjemput anda untuk menikmati resipi tulen dan terkenal masa yang telah menghiasi meja bahasa Inggeris selama beberapa generasi.

Bayangkan dapur yang dipenuhi dengan aroma rebusan yang menyelerakan, pai wangi dan hidangan manis yang diilhamkan oleh pelbagai wilayah di England. " Masakan Serantau Lengkap England " adalah lebih daripada sekadar koleksi resipi; ia merupakan penerokaan bahan-bahan tempatan, tradisi masakan dan kepakaran serantau yang menjadikan masakan Inggeris begitu pelbagai dan digemari. Sama ada anda berasal dari England atau sekadar menghargai perisa masakan British, resipi ini direka untuk memberi inspirasi kepada anda untuk mencipta semula citarasa asli setiap rantau.

Daripada pasties Cornish klasik hingga puding Yorkshire, setiap resipi adalah perayaan rasa tersendiri dan teknik masakan yang mencirikan hidangan serantau England. Sama ada anda merancang hidangan yang menyelerakan untuk malam yang selesa atau menganjurkan jamuan berinspirasikan British, buku masakan ini ialah sumber utama anda untuk menguasai seni masakan serantau Inggeris.

Sertai kami sambil kami merentasi kepelbagaian landskap England, di mana setiap ciptaan adalah bukti kepada tradisi masakan yang unik dan resipi teruji masa yang telah membentuk identiti gastronomi negara. Jadi, pakai apron anda, terima kehangatan layanan Inggeris, dan mari memulakan perjalanan yang lazat melalui " Masakan Serantau Lengkap England."

SARAPAN PAGI

1.Sosej Klasik dan Muffin Telur

BAHAN-BAHAN:
- 2 muffin Inggeris, belah dan bakar
- 4 roti sosej sarapan babi
- 2 keping keju cheddar
- 2 biji telur
- Mentega, untuk memasak
- Garam dan lada sulah, secukup rasa

ARAHAN:
a) Masak patties sosej mengikut arahan pakej atau sehingga masak sepenuhnya.
b) Dalam kuali, cairkan mentega dengan api sederhana.
c) Pecahkan telur ke dalam kuali dan masak mengikut tahap kematangan yang anda inginkan. Perasakan dengan garam dan lada sulah.
d) Letakkan patty sosej pada bahagian bawah setiap muffin Inggeris panggang.
e) Hiaskan setiap patty sosej dengan sekeping keju cheddar.
f) Letakkan telur masak di atas keju.
g) Letakkan separuh lagi muffin Inggeris panggang di atas untuk membuat sandwic.

2.Oatmeal Inggeris

BAHAN-BAHAN:
- 4 cawan Air
- 1 sudu teh Garam
- 1 cawan Oat potong keluli (Oat Inggeris)
- 4 sudu teh Gula Perang

ARAHAN:

a) Dalam periuk sederhana di atas api sederhana tinggi, satukan air dan garam. Biarkan mendidih. Masukkan oat secara beransur-ansur, kacau sentiasa.

b) Kecilkan api kepada perlahan dan renehkan. Kacau selalu sehingga air diserap dan oat berkrim, kira-kira 30 minit. Bahagikan oat yang telah dimasak kepada 4 mangkuk. Taburkan 1 sudu teh gula perang pada setiap mangkuk oat.

c) Hidangkan segera

3. Sarapan Inggeris Penuh

BAHAN-BAHAN:
- 2 keping bacon Inggeris
- 2 sosej Lorne (persegi).
- 2 biji telur besar
- 1 keping puding hitam
- 1 keping puding putih
- 1 tomato, dibelah dua
- Kacang panggang
- Roti bakar (pilihan)

ARAHAN:

a) Dalam kuali, masak bacon Inggeris sehingga garing.

b) Masak sosej Lorne dalam kuali yang sama sehingga perang di kedua-dua belah.

c) Dalam kuali berasingan, masak puding hitam dan hirisan puding putih sehingga panas.

d) Bakar atau goreng tomato separuh sehingga sedikit empuk.

e) Dalam kuali ketiga, masak telur mengikut citarasa anda.

f) Panaskan kacang panggang dalam periuk.

g) Hidangkan semua komponen di atas pinggan dan nikmati dengan roti bakar jika dikehendaki.

4. Telur dadar Inggeris

BAHAN-BAHAN:
- 6 biji telur kecil
- 1 Lg. kentang masak; tumbuk
- Perah jus limau
- 1 sudu besar daun kucai atau daun bawang dicincang
- Garam dan lada sulah
- 1 sudu besar Mentega

ARAHAN:
a) Asingkan telur dan pukul kuning: masukkan ke dalam kentang tumbuk, kacau sebati, kemudian masukkan jus limau, daun bawang, dan garam dan lada sulah.
b) Cairkan mentega dalam kuali telur dadar.
c) Pukul putih telur sehingga kembang dan kacau ke dalam adunan kentang.
d) Masak adunan sehingga kekuningan, kemudian masukkan ke bawah ayam daging hingga habis dan kembangkan.
e) Hidangkan sekali gus.

5. Lempeng Kentang Inggeris

BAHAN-BAHAN:
- 1 cawan kentang tumbuk
- 2 cawan Tepung
- 1 sudu teh Garam
- 1 Sudu besar serbuk penaik
- 2 biji telur dipukul
- 1 cawan Susu
- 4 sudu besar sirap jagung ringan
- 1 sudu besar Pala

ARAHAN:
a) Jangan mengharapkan ini menjadi seperti Lempeng Amerika, tetapi ia mempunyai rasa yang sangat baik.
b) Campurkan semua bahan. Pukul dengan baik. Bakar di atas griddle yang telah digris sehingga perang kedua-dua belah.

6.Lempeng Wicklow

BAHAN-BAHAN:
- 4 biji telur
- 600 mililiter Susu
- 4 auns serbuk roti segar
- 1 sudu besar pasli, dicincang
- 1 secubit thyme dicincang
- 2 sudu besar daun kucai atau daun bawang dicincang
- 1 x Garam dan lada sulah
- 2 sudu besar Mentega

ARAHAN:
a) Pukul telur perlahan-lahan, kemudian masukkan susu, serbuk roti, herba dan perasa, dan gaul rata.
b) Panaskan 1 sudu besar mentega dalam kuali sehingga berbuih, kemudian tuangkan adunan dan masak dengan api perlahan hingga keperangan di bawahnya dan letak di atas.
c) Letakkan di bawah gril hingga selesai.
d) Hidangkan potong ke dalam baji dengan tombol mentega pada setiap bahagian.

7.Sarapan Inggeris Tradisional

BAHAN-BAHAN:
- 8 keping InggerisBacon
- 4 Sosej Inggeris
- 4 keping Puding Hitam
- 4 keping Puding Putih
- 4 biji telur
- 4 tomato sederhana; Dibelah dua
- 4 Soda Farls
- Garam dan Lada Secukup Rasa

ARAHAN:
a) Letakkan sosej dalam kuali dan masak sehingga perang di semua sisi. Goreng tomato dengan hirisan puding dalam titisan bacon.
b) Panaskan roti soda dalam titisan sehingga dibakar. Masak telur mengikut keinginan dan letakkan semua makanan yang disediakan di atas satu pinggan untuk dihidangkan hangat.
c) Semua daging boleh dibakar, bukannya digoreng, tetapi anda akan kehilangan perisa daripada titisan telur dan roti soda.

8.Scones Sarapan Inggeris

BAHAN-BAHAN:
- 1½ cawan tepung pastri gandum penuh
- ⅓ cawan tepung gandum
- ¾ cawan dedak gandum
- 1 sudu teh serbuk penaik
- 2 sudu besar marjerin soya
- 2 sudu besar Sirap jagung
- 1 cawan Kentang atau susu soya

ARAHAN:
a) bahan kering . Masukkan marjerin dan gaul rata. Masukkan sirap dan susu secukupnya untuk membuat doh yang longgar.
b) Balikkan ke atas papan tepung dan uli hingga rata.
c) Gulungkan menjadi segi empat sama dengan ketebalan kira-kira ¾ inci.
d) Potong doh separuh, kemudian menjadi empat dan kemudian menjadi lapan.
e) Bakar di atas loyang yang ditaburkan sedikit tepung pada suhu 400F selama lebih kurang 20 minit. Sejukkan pada rak dawai. Belah dan hidangkan dengan awet buah keseluruhan.

9.Sosej Sarapan Inggeris

BAHAN-BAHAN:
- 2½ cawan roti putih segar c r umbs
- ½ cawan Susu
- 2½ paun daging babi tanpa lemak
- 2½ paun Perut babi atau punggung babi berlemak, sejuk
- 1 sudu besar Plus
- 2 sudu kecil garam
- 2 sudu teh Lada yang baru dikisar
- 2 sudu teh Thyme
- 2 biji telur
- 8 Yards disediakan selongsong, kira-kira 4 auns

ARAHAN:

a) Dalam mangkuk sederhana, rendam serbuk roti dalam susu. Kisar daging dan lemak bersama-sama, mula-mula dengan kasar dan kemudian halus. Letakkan daging dalam mangkuk besar.

b) Masukkan garam, lada sulah, thyme, telur dan serbuk roti yang telah dilembutkan. Gaul rata dengan tangan sehingga sebati. Bekerja dengan kira-kira satu perempat isi sosej pada satu masa, sumbatkan selongsong dengan inti sosej dengan longgar. Cubit dan putar ke dalam pautan 4 inci dan potong untuk memisahkan. Sejukkan dalam peti ais sambil isi sosej yang tinggal.

c) UNTUK MEMASAK: Cucuk sosej di seluruh untuk mengelakkan kulit pecah, letakkan sosej secukupnya dalam kuali untuk dimuatkan dalam satu lapisan tanpa sesak. Tuangkan kira-kira setengah inci air, tutup dan reneh dengan api perlahan selama 20 minit. Tuangkan cecair dan masak tanpa penutup, putar, sehingga sosej berwarna perang sekata kira-kira 10 minit. Toskan di atas tuala kertas dan hidangkan panas.

10. Kotak kentang bahasa inggeris

BAHAN-BAHAN:
- 1/2 paun / kira-kira 3 cawan kentang, dikupas, masak, dan masih panas
- 1/2 sudu teh garam
- 2 sudu besar mentega, cair
- 1/2 cawan tepung serba guna

ARAHAN:
a) Adalah penting untuk membuat kek kentang semasa kentang masih panas: ini memastikan anda mendapat hasil yang ringan dan lazat.
b) Nasi atau tumbuk kentang dengan baik sehingga tiada ketulan.
c) Dalam mangkuk, campurkan kentang dengan baik dengan garam; kemudian masukkan mentega cair dan gaul rata lagi. Akhir sekali masukkan tepung, bekerja dengan cukup untuk membuat doh yang ringan dan lentur.
d) Balikkan doh ke atas permukaan yang ditaburi sedikit tepung dan gulung menjadi bentuk bujur kasar, kira-kira 9 inci panjang dan empat inci lebar, dan kira-kira 1/4 inci tebal. Potong tepi sehingga anda mempunyai segi empat tepat yang kemas: kemudian potong lagi supaya anda mempunyai empat atau enam segi tiga.
e) Panaskan griddle kering atau kuali sehingga sederhana panas. Kemudian bakar segi tiga farl sehingga perang keemasan pada setiap sisi. Biasanya, ini mengambil masa kira-kira lima minit pada setiap sisi.
f) Letakkan penkek kentang yang telah siap diketepikan di atas pinggan yang ditutup dengan tuala pinggan / tuala teh dan teruskan membakarnya sehingga semuanya siap. Kemudian balikkan tuala ke atasnya untuk menutupnya. Sedikit wap yang keluar dari mereka akan membantu memastikan mereka lembut.
g) Kemudian buat sarapan Inggeris anda atau goreng Ulster, goreng farls dalam mentega atau minyak yang anda gunakan untuk hidangan yang lain. Jika anda mempunyai lebih banyak penkek kentang Inggeris daripada yang anda boleh gunakan, ia akan membeku dengan baik: masukkan sahaja ke dalam Tupperware atau bekas plastik yang serupa dahulu.

11. Telur Syaitan Inggeris

BAHAN-BAHAN:
- 12 biji Telur Rebus
- 2 keping Corned Beef, dipotong dadu
- 1/2 cawan Kobis, dipotong dadu
- 1/2 cawan Mayo
- 2 sudu besar Dijon Mustard
- Garam secukup rasa
- Lobak merah, parut untuk hiasan
- Parsley, dicincang untuk hiasan

ARAHAN:

a) Telur rebus dibelah dua. Keluarkan kuning dan masukkan ke dalam mangkuk.

b) Ketuhar mikro kubis selama 30 saat hingga seminit sehingga ia lembut.

c) Masukkan mayonis, dan mustard Dijon ke dalam kuning telur dan gunakan pengisar rendaman untuk mencampurkan kuning telur dengan bahan sehingga berkrim.

d) Masukkan daging kornet cincang halus dan kobis kacau ke dalam adunan kuning telur sehingga sebati.

e) Garam secukup rasa.

f) Paipkan adunan ke dalam bahagian putih telur

g) Hiaskan dengan lobak merah dan pasli.

12. Sandwic Salad Telur

BAHAN-BAHAN:
- 4 keping roti sandwic
- 2 auns mentega untuk disapu pada roti
- 2 biji telur rebus
- 1 tomato Roma atau 2 tomato kecil molek
- 2 daun bawang hijau di Ireland
- 2 helai daun salad mentega
- ⅛ cawan mayonis
- ⅛ sudu teh garam
- ⅛ sudu teh lada

ARAHAN:
a) Mulakan dengan menyediakan inti untuk sandwic ini. Belah separuh tomato dan cedok biji dan pulpa, dan buang. Potong daging tomato luar menjadi kepingan bersaiz ½ cm.
b) Hiris bawang hijau dengan sangat nipis.
c) Potong daun salad nipis-nipis dan tumbuk telur rebus.
d) Campurkan telur rebus yang dilecek, tomato potong dadu, bawang hijau, salad dan mayonis.
e) Perasakan inti dengan garam dan lada sulah secukup rasa.
f) Lecek telur rebus, bawang hijau, salad, tomato dan mayonis untuk isi sandwic salad telur
g) Mentega setiap sepasang kepingan roti pada bahagian yang menyentuh dan padan..
h) Bahagikan inti kepada dua dan sapukan pada bahagian dua keping roti yang telah disapu mentega. Hiaskan setiap sandwic dengan kepingan roti mentega yang dipasangkan.
i) Potong kerak atas setiap sandwic. Bahagikan kepada empat segi tiga dengan menghiris setiap sandwic dengan dua potong pepenjuru silang.
j) Susun di atas pinggan sandwic dan hidangkan bersama teh panas, dan sisi kerepek atau kerepek.

13. Telur Scotland

BAHAN-BAHAN:
- 6 biji telur besar
- 1 paun (kira-kira 450g) daging sosej (daging babi atau campuran daging babi dan daging lembu)
- Garam dan lada hitam secukup rasa
- 1 cawan tepung serba guna, untuk mengorek
- 2 biji telur besar, dipukul (untuk salutan)
- 1 cawan serbuk roti
- Minyak sayuran, untuk menggoreng

ARAHAN:
REBUS KERAS TELUR:
a) Letakkan telur dalam periuk dan tutup dengan air.
b) Didihkan air, kemudian kecilkan api dan reneh selama kira-kira 9-12 minit.
c) Setelah mendidih, sejukkan telur di bawah air sejuk yang mengalir dan kupasnya.
SEDIAKAN CAMPURAN SOSEJ:
d) Perasakan daging sosej dengan garam dan lada hitam dalam mangkuk.
e) Bahagikan daging sosej kepada 6 bahagian yang sama.
BALUT TELUR:
f) Ratakan sebahagian daripada daging sosej di tangan anda.
g) Letakkan telur rebus yang telah dikupas di tengah dan acuan daging sosej di sekeliling telur, pastikan ia tertutup sepenuhnya.
h) Gulungkan setiap telur yang ditutup dengan sosej dalam tepung, goncangkan sebarang lebihan.
i) Celupkan telur yang telah disaluti dengan sosej tepung ke dalam telur yang telah dipukul, pastikan salutan sekata.
j) Gulungkan telur dalam serbuk roti sehingga bersalut sepenuhnya.
GORENG TELUR SCOTTISH:
k) Panaskan minyak sayuran dalam penggorengan dalam atau kuali yang besar dan dalam hingga 350°F (180°C).
l) Berhati-hati meletakkan telur bersalut ke dalam minyak panas dan goreng sehingga perang keemasan, pusing sekali-sekala untuk memasak sekata.
m) Keluarkan dan letakkan di atas tuala kertas untuk mengalirkan lebihan minyak.
n) Biarkan telur Scotland sejuk sedikit sebelum dihidangkan.
o) Potong dua untuk mendedahkan pusat sosej dan telur yang lazat.
p) Hidangkan dengan sisi mustard, sos tomato atau sos pencicah kegemaran anda.

14. Sarapan Inggeris Vegetarian

BAHAN-BAHAN:
- 4 biji telur
- 1 cawan cendawan butang, dihiris
- 2 biji tomato, dibelah dua
- 2 cawan gula merah (dibeli di kedai atau buatan sendiri)
- 1 tin kacang panggang
- Garam dan lada sulah, secukup rasa
- Mentega, untuk memasak

ARAHAN:
a) Panaskan kacang panggang dalam periuk dengan api sederhana.
b) Dalam kuali, tumis cendawan dalam mentega sehingga perang keemasan.
c) Masak kentang goreng mengikut arahan pakej.
d) Dalam kuali yang berasingan, masak tomato yang dibelah dua sehingga sedikit empuk.
e) Sediakan telur mengikut gaya pilihan anda (goreng, hancur atau rebus).
f) Perasakan telur dengan garam dan lada sulah.
g) Susun semua bahan yang telah dimasak di atas pinggan.
h) Hidangkan bersama roti bakar atau roti bakar.

15. Roti Bakar Salmon dan Avokado Asap

BAHAN-BAHAN:
- 4 keping roti bijirin penuh
- 150g salmon salai
- 1 buah alpukat masak, dihiris
- 4 biji telur rebus
- Dill segar, untuk hiasan
- Limau wedges, untuk dihidangkan
- Garam dan lada sulah, secukup rasa

ARAHAN:
a) Bakar hirisan roti gandum mengikut citarasa anda.
b) Letakkan kepingan salmon salai pada setiap keping roti bakar.
c) Teratas dengan hirisan alpukat.
d) Rebus telur mengikut tahap kematangan yang anda inginkan.
e) Letakkan telur rebus di atas setiap roti bakar.
f) Perasakan dengan garam dan lada sulah.
g) Hiaskan dengan dill segar.
h) Hidangkan dengan hirisan limau di tepi untuk sentuhan sitrus.

SELERA MAKAN DAN SNEK

16. Puding hitam

BAHAN-BAHAN:
- 1 paun hati babi
- 1½ paun lemak babi yang belum dibuat, dicincang
- 120 auns cecair Darah babi
- 2 paun serbuk roti
- 4 auns Oatmeal
- 1 bawang sederhana, dicincang
- 1 sudu teh Garam
- ½ sudu teh Allspice
- 1 sarung daging lembu

ARAHAN:
a) Rebus hati dalam air masin mendidih sehingga lembut. Keluarkan hati, dan cincang. Simpan minuman keras memasak. Campurkan semua bahan dalam mangkuk besar. Kacau sebati sehingga sebati. Isi selongsong dengan campuran. Ikat dalam gelung satu kaki. Kukus selama 4-5 jam.

b) Biarkan sehingga sejuk. Potong ½ inci mengikut keperluan dan goreng dalam lemak panas di kedua-dua belah sehingga garing.

17. Keju pub Inggeris Dip

BAHAN-BAHAN:
- 14 auns cheddar Inggeris
- 4 auns krim keju
- 1/2 cawan bir ringan gaya Inggeris (Harp Lager)
- 1 ulas bawang putih
- 1 1/2 sudu teh mustard kisar
- 1 sudu kecil paprika

ARAHAN:
a) Pecahkan cheddar kepada kepingan dan masukkan ke dalam pemproses makanan. Nadi untuk memecahkan cheddar menjadi kepingan kecil.

b) Masukkan keju krim, bir, bawang putih, mustard tanah, dan paprika. Haluskan sehingga halus sepenuhnya. Kikis bahagian tepi mangkuk dan puri semula jika perlu. Hidangkan dengan kerepek pita, roti, keropok, sayur-sayuran, atau hirisan epal.

18. Muffin Kopi Inggeris

BAHAN-BAHAN:
- 2 cawan Tepung
- 1 sudu besar serbuk penaik
- ½ sudu teh Garam
- ½ cawan Gula
- 1 biji telur, dipukul
- ⅓ cawan Mentega, cair
- ½ cawan krim pekat, tidak disebat
- ¼ cawan wiski Inggeris
- ¼ cawan minuman keras kopi

ARAHAN:
a) Panaskan ketuhar hingga 400 F.
b) bahan pertama bersama-sama.
c) Kacau dalam baki bahan , sehingga lembap.
d) Isi tin muffin beralas kertas penuh, dan bakar lebih kurang 20 minit.

19. Nachos Bahasa Inggeris dengan Topping Reuben

BAHAN-BAHAN:

BERPAKAIAN PULAU RIBU:
- 2 1/2 sudu besar yogurt Yunani biasa tanpa lemak
- 1 1/2 sudu besar sos tomato
- 2 sudu kecil rasa acar manis
- 3/4 sudu teh cuka putih
- 1/4 sudu teh sos panas
- 1/8 sudu teh serbuk bawang putih
- 1/8 sudu teh serbuk bawang
- 1/8 sudu teh garam halal

KENTANG:
- 1 1/2 paun kentang russet, digosok
- 1 sudu besar minyak zaitun dara tambahan
- 3/4 sudu teh serbuk bawang putih
- 3/4 sudu kecil serbuk bawang
- 3/4 sudu teh garam halal
- 1/8 sudu kecil lada hitam

TOPPING REUBEN:
- 3 auns daging kor deli tanpa lemak, dicincang
- 1 cawan keju Swiss yang dicincang, dikurangkan lemak
- 1/4 - 1/3 cawan sauerkraut, toskan
- pasli dicincang halus (jika suka), untuk hiasan

ARAHAN:

a) Panaskan ketuhar hingga 475ºF.

b) Dalam mangkuk sederhana, satukan bahan pembalut Yogurt Yunani, sos tomato, kelazatan, cuka, sos panas, 1/8 sudu teh serbuk bawang putih, 1/8 sudu teh serbuk bawang dan 1/8 sudu teh garam halal. Tutup dan sejukkan sehingga diperlukan (boleh dibuat sehingga kira-kira dua hari lebih awal).

c) Potong kentang secara sekata menjadi hirisan setebal 1/8". (Anda boleh menggunakan mandolin untuk ini jika anda mahu, tetapi saya menggunakan pisau tukang masak. Walau apa pun, kuncinya ialah memotongnya dengan sangat seragam supaya mereka membakar dengan sekata.)

d) Dalam mangkuk besar, toskan hirisan kentang dengan minyak zaitun sehingga bersalut rata. Taburkan kentang dengan 3/4 sudu teh serbuk bawang putih, 3/4 sudu teh serbuk bawang, 3/4 sudu teh garam halal dan lada hitam. Toskan lagi untuk memastikan rempah diedarkan dengan sekata. Anda mungkin mendapati bahawa ia adalah paling mudah untuk melakukan ini dengan tangan anda, dan bukannya sudu adunan.

e) Letakkan hirisan kentang pada dua helaian pembakar yang beralaskan parchment, bentangkannya dan pastikan ia tidak bersentuhan atau bertindih.

f) Bakar hirisan kentang selama 12-14 minit. Masa membakar yang tepat mungkin berbeza-beza jika hirisan kentang anda tidak dipotong hingga 1/8" atau jika ketebalannya tidak seragam. Periksanya secara berkala: anda sedang mencari warna yang hangat, keperangan, dan panas di bahagian bawah kepingan anda, tetapi anda tidak mahu ia hangus.

g) Balikkan semua kepingan dengan berhati-hati dan teruskan membakar pada bahagian kedua selama kira-kira 5-8 minit lagi, sekali lagi periksa kematangannya secara berkala. Jika sesetengah hirisan anda lebih nipis daripada yang lain, ia mungkin siap lebih awal, dan anda mungkin mahu mengeluarkannya ke dalam pinggan sementara kepingan yang lain terus membakar.

h) Apabila kentang anda selesai dibakar, cantumkannya ke dalam longgokan di tengah-tengah satu lembaran pembakar, lapiskannya semasa anda melakukannya dengan daging kornet, keju dan sauerkraut. Kembalikan nachos ke dalam ketuhar selama kira-kira 5 minit lagi, untuk membenarkan topping hangat dan keju cair.

i) Hiaskan nachos dengan pasli, jika dikehendaki, dan sajikan dengan Thousand Island Dressing. (Anda boleh menyiram perban di atas, menghidangkannya bersama-sama, atau kedua-duanya.)

20. Guinness Peluncur Daging Korned

BAHAN-BAHAN:
- 4 paun daging kornet brisket dengan paket rempah
- 1 cawan bawang mutiara beku, atau bawang dandang putih (dipotong dan dikupas)
- 4 ulas bawang putih
- Pilihan: 1-2 daun bay
- 2 1/2 cawan air
- 11.2 auns bir draf Guinness (1 botol)
- 12 gulung Hawaii
- 1 paket campur coleslaw
- 2-3 sudu besar dill segar, dicincang
- Dijon mustard untuk penyebaran, seperti yang dikehendaki
- Pilihan: mayonis untuk penyebaran
- Acar Dill Kosher Bayi (keseluruhan)

ARAHAN:
a) Masukkan bawang merah dan bawang putih ke dalam periuk keluli dalam periuk tekanan. Tambah rak dawai di atas. Tuangkan bir Guinness dan air ke dalam periuk. Letakkan brisket daging kornet di atas rak logam, tutup lemak ke bawah. Taburkan rempah di bahagian atas daging. Tambah 1-2 daun bay, jika mahu. Dengan penyepit, balikkan daging lembu supaya penutup lemak menghadap ke atas.
b) Buka penutup periuk tekanan dengan berhati-hati. Angkat dulang logam yang memuatkan daging. Pindahkan daging kornet ke dalam pinggan. Keluarkan daun bay, bawang dan pepejal. Tapis cecair. Simpan satu cawan sekiranya ia diperlukan untuk menyiram ke atas daging supaya ia tidak kering.
c) Potong nipis daging lembu melawan bijirin.
d) Potong gulung Hawaii secara mendatar separuh.
e) Sapukan lapisan mustard pada bahagian bawah setiap gulungan. Jika mahu, sapukan sedikit mayonis pada bahagian atas roti.
f) Letakkan 2-3 keping daging kornet pada roti bawah. Taburkan daging dengan dill yang baru dicincang. Tambah 1/4 cawan coleslaw pada setiap satu.
g) Letakkan bahagian atas gulungan Hawaii pada peluncur.
h) Hiaskan setiap slider daging lembu dengan jeruk dill bayi. Tebuk sandwic parti di tengah-tengah dengan pilihan parti kayu untuk membantu menyatukan semuanya.

21. Bebola Daging Berlapis Guinness

BAHAN-BAHAN:
BOLA daging
- 1 paun ayam belanda atau daging lembu
- 1 c. serbuk roti panko
- 1/4 c. Guinness
- 1/4 c. bawang cincang
- 1 biji telur, dipukul sedikit
- 1 sudu kecil. garam
- 1/8 sudu kecil. lada

SOS GUINNESS
- 2 botol Guinness
- 1/2 c. sos tomato
- 1/4 c. sayang
- 2 sudu besar molase
- 2 sudu kecil. mustard dijon
- 2 sudu kecil. bawang cincang kering
- 1 sudu kecil. serbuk Bawang putih
- 4 sudu kecil. tepung jagung

ARAHAN:
a) Untuk bebola daging: Satukan semua bahan dalam mangkuk adunan sederhana. Gaul sebati.

b) Bentukkan menjadi bebola 1 1/2 inci (saya menggunakan senduk biskut kecil) dan letakkan di atas loyang berbingkai yang dialas dengan aluminium foil dan disembur dengan semburan nonstick.

c) Bakar pada suhu 350° selama 20-25 minit.

d) Untuk sos: Satukan semua bahan kecuali tepung jagung dalam periuk sederhana. Pukul.

e) Didihkan, kacau sekali sekala.

f) Kecilkan api hingga mendidih dan reneh selama 20 minit.

g) Pukul tepung jagung dan teruskan mereneh selama 5 minit atau sehingga pekat.

h) Masukkan bebola daging ke dalam sos.

22. InggerisPub Pasties

BAHAN-BAHAN:
- 1 biji bawang
- 1/3 kepala kobis
- 4 lobak merah kecil
- 8 biji kentang merah kecil
- 4 biji bawang hijau
- 1 daun bawang
- 4 sudu besar mentega
- 3 biji telur
- 1 sudu besar mustard coklat
- 1/2 sudu teh thyme
- 1/4 sudu teh lada
- 1/2 sudu teh garam
- 1/4 sudu teh mustard kisar
- 1 paket 8- auns keju mozzarella yang dicincang
- 4 auns keju parmesan yang dicincang
- 5 keping pai gulung yang disejukkan
- 1 paun daging lembu kisar pilihan

ARAHAN:

a) Jika menggunakan daging lembu kisar, daging lembu perang dalam kuali besar, kemudian toskan, keluarkan dari kuali, dan ketepikan. Potong dadu bawang besar, lobak merah dan kentang. Potong kubis menjadi kepingan kecil. Hiris nipis daun bawang dan bawang hijau

b) Panaskan 4 sudu besar mentega dalam kuali besar dengan api sederhana. Tumis bawang, bawang hijau, dan daun bawang sehingga lembut--kira-kira 6 minit. Masukkan kubis, lobak merah, dan kentang. Teruskan memasak dengan api sederhana selama 5 minit lagi.

c) Kurangkan haba kepada rendah; tutup dan kukus selama 15 minit. Keluarkan dari haba. Sementara itu, keluarkan kerak pai dari peti sejuk dan panaskan ketuhar hingga 375 darjah.

d) Pukul 3 biji telur, mustard dan rempah dalam mangkuk besar. Keluarkan 1 sudu besar campuran telur dan pukul dengan 1 sudu air; mengetepikan. Masukkan sayur-sayuran, daging lembu, dan keju ke dalam adunan telur dan gaul rata.

e) Buka gulungan kerak pai dan potong empat bahagian menggunakan pemotong pizza.

f) Untuk membuat pasties, letakkan satu hirisan kerak pada helaian kuih bersalut kertas parchment. Letakkan satu sudu campuran sayuran di tengah-tengah baji, kemudian tutup dengan baji kedua.

g) Tekan tepi dengan garpu untuk mengelak, kemudian sapu dengan campuran telur dan air. Bakar selama lebih kurang 20 minit atau sehingga kerak berwarna perang keemasan.

23. Roti Sosej Inggeris

BAHAN-BAHAN:
- 3 helai pastri puff
- 1 biji telur dipukul untuk memberus pastri
- Isi Daging Sosej
- 1 paun daging babi yang dikisar
- 1 sudu teh thyme kering
- ½ sudu teh marjoram kering
- ½ sudu teh selasih kering
- ½ sudu teh daun rosemary kering
- 1 sudu teh pasli kering
- ½ sudu teh sage kering
- ⅛ sudu teh garam
- ⅛ sudu teh lada hitam
- 1 cawan serbuk roti
- 1 ulas bawang putih dikisar
- 1 biji telur dipukul
- ¼ sudu teh adas kering pilihan

ARAHAN:
a) Kisar rempah, garam dan lada sulah dalam pengisar kopi.
b) Masukkan rempah kisar dan bawang putih yang dikisar ke dalam serbuk roti dalam mangkuk besar dan gaul bersama.
c) Masukkan daging babi yang dikisar ke dalam serbuk roti yang telah diperisakan dan satukan menggunakan jari anda. Masukkan separuh daripada telur yang telah dipukul dan gaul sebati sehingga adunan daging mula melekat. Buang lebihan telur.
d) Gulungkan sosej menggunakan tangan, membentuk 4 bentuk silinder kira-kira ¾ inci tebal dan 10 inci panjang. Ketepikan daging.
e) Panaskan ketuhar hingga 400 darjah F. Alas dulang pembakar besar dengan kertas parchment.
f) Buka lembaran pastri puff yang telah dicairkan di atas permukaan yang ditaburkan tepung. Potong menjadi 3 jalur kira-kira 3 inci lebar dan 10 inci panjang.
g) Letakkan sekeping 3 inci daging sosej yang telah dibentuk di atas pastri berhampiran dengan tepi. Gulungkan pastri di sekeliling daging, bertindih di bawahnya sebanyak satu inci.
h) Potong gulungan pastri, kemudian gulung semula untuk memberus lapisan bawah dengan cucian telur. Gulung semula dan tutup jahitan bawah.
i) Dengan menggunakan pisau tajam, potong dua celah pepenjuru ½ inci di permukaan atas gulungan. Ulangi prosedur untuk membentuk 18 gulung sosej.
j) Letakkan gulungan sosej yang disediakan di atas dulang pembakar dalam barisan dan jarak satu inci. Sapu bahagian atas pastri dengan cucian telur.
k) Bakar dalam ketuhar 400 darjah F selama 20 minit. Kecilkan api kepada 350 darjah dan bakar selama 5 minit lagi.
l) Keluarkan dari ketuhar apabila bahagian atasnya berwarna perang keemasan. Sejukkan gulungan sosej di atas rak dawai.

BIDANG DAN ROTI

24. Scone Keju Sedap

BAHAN-BAHAN:
- 225g tepung biasa
- 2 Sudu teh serbuk penaik tahap
- secubit garam
- ¼ Sudu teh mustard
- 50g Mentega
- 75g Cheddar parut
- 1 biji telur besar
- 4 sudu besar susu krim
- Susu tambahan untuk kaca

ARAHAN:

a) Panaskan ketuhar hingga 220° C. Ayak bersama tepung, serbuk penaik, garam dan mustard. Sapu mentega sehingga adunan menyerupai serbuk roti halus. Campurkan keju parut.

b) Pukul telur dan masukkan susu. Buat perigi di tengah bahan kering dan satukan cecair. Balikkan ke atas papan yang ditabur tepung. Uli perlahan dan potong bulat dengan pemotong pastri. Letakkan di atas dulang pembakar yang telah digris.

c) Sapu dengan campuran telur dan susu dan bakar selama 12-15 minit atau sehingga kekuningan dan masak.

25.Roti Soda Inggeris

BAHAN-BAHAN:
- 12 oz/340g tepung biasa sama ada gandum atau putih
- 1/2 sudu teh garam
- 1/2 sudu teh natrium bikarbonat
- 1/2 cawan buttermilk

ARAHAN:

a) Campurkan semua bahan kering anda bersama-sama dan kemudian tapis bahan kering untuk menambah udara. Kemudian buat perigi di tengah adunan kering dan masukkan separuh daripada buttermilk kemudian gaul perlahan-lahan. Masukkan baki buttermilk dan uli hingga sebati.

b) Jika adunan kelihatan kering dan berat apabila menggunakan tepung gandum tambahkan sedikit lagi mentega. Ia akan melekat pada tangan anda diberi amaran.

c) Letakkan doh di atas kaunter yang ditaburkan tepung dan satukan perlahan-lahan untuk membuat bulat dan kemudian pindahkan ke dalam loyang. Potong salib agak dalam ke bahagian atas roti untuk "membiarkan peri keluar" dan kemudian masukkan ke dalam ketuhar selama 40 hingga 45 minit. Untuk memeriksa sama ada roti telah dibakar, ketik bahagian bawah jika ia berbunyi kosong maka ia sudah siap.

d) Anda boleh menambah semua jenis bahan-bahan untuk campuran roti soda anda, keju dan bawang, potongan bacon, buah-buahan seperti kismis, kranberi kering dan beri biru, kacang, biji hampir apa sahaja yang anda mahukan untuk membuat roti manis atau berperisa.

26. Roti Gandum Inggeris

BAHAN-BAHAN:
- 500 g (1lb 2oz) tepung gandum kasar
- 125 g (4 1/2oz) tepung biasa, ditambah tambahan untuk habuk
- 1 sudu kecil baking soda
- 1 sudu kecil garam
- 600 ml (1 liter) susu mentega, ditambah sedikit tambahan jika perlu
- 1 sudu besar gula perang
- 1 sudu besar mentega cair, ditambah tambahan untuk melincirkan kuali
- 2 sudu besar sirap emas

ARAHAN:
a) Panaskan ketuhar kepada 200°C - 400°F dan griskan 2 x loyang roti.
b) Ambil mangkuk besar dan ayak tepung ke dalam mangkuk bersama soda penaik dan garam. Buat perigi kecil di tengah adunan kering ini dan masukkan susu mentega, gula perang, mentega cair dan sirap emas.
c) Campurkan ini bersama perlahan-lahan sehingga semua bahan digabungkan. Kemudian bahagikan adunan ke dalam loyang roti dan taburkan di atas topping pilihan anda.
d) Bakar ini selama kira-kira sejam, semak separuh jalan bahawa kuali tidak perlu dipusing atau roti tidak terlalu keperangan. Jika mereka kecilkan api sedikit.
e) Untuk memeriksa sama ada ia telah dibakar, hanya keluar dari loyang dan ketuk bahagian bawah roti, jika ia kelihatan kosong, ia akan siap. Jika sedia letak di atas rak penyejuk. Apabila sejuk hidangkan dengan mentega yang banyak.

27. Bahasa Inggeris Atau Dublin Memanjakan

BAHAN-BAHAN:
- 1 sudu besar minyak sayuran
- 450g sosej
- 200g bacon, dipotong menjadi jalur
- 1 biji bawang besar, potong dadu
- 2 lobak merah, dihiris
- 1kg atau 2.5 paun kentang, dikupas dan dihiris
- Lada hitam yang baru dikisar
- 500ml stok ayam boleh guna kiub stok yang dicairkan dalam air panas
- 1 daun salam

ARAHAN:

a) Panaskan ketuhar dengan memanaskan hingga 170°C atau 325°F. Semasa memanaskan panaskan minyak dalam kuali dan perangkan sosej anda. Masukkan bacon ke dalam sosej perang dan masak selama 2 minit.

b) Letakkan separuh sosej dan bacon di bahagian bawah hidangan kaserol kemudian masukkan separuh bawang, lobak merah dan kentang. Perasakan lapisan ini dengan garam dan lada sulah. Kemudian buat lapisan lain di atasnya dengan baki sosej, bacon dan sayur-sayuran, jangan lupa perasakan lapisan ini juga.

c) Setelah perasa tuangkan stok yang telah dipanaskan ke atas keseluruhan kaserol dan masukkan daun bay. Tutup dengan tudung dan masak selama 2 jam, kemudian keluarkan tudung dan masak selama 30 minit lagi.

d) Biarkan berdiri di luar ketuhar selama kira-kira 5 minit, taburkan pasli jika anda mahu dan hidangkan.

28. Inggeris Dengan Krim Masam

BAHAN-BAHAN:
- 2½ cawan tepung serba guna yang diayak
- 2 sudu teh serbuk penaik
- 1 sudu teh Garam
- ½ sudu teh Baking soda
- ¼ cawan Shortening
- ½ cawan Gula
- 1 Telur; dipukul
- 1½ cawan krim kami
- 1 cawan Kismis
- ½ cawan kismis

ARAHAN:

a) Panaskan ketuhar hingga 375 darjah. Ayak tepung, serbuk penaik, garam dan soda ke dalam mangkuk. Mengetepikan.

b) Krim shortening dan gula sehingga ringan dan gebu.

c) Masukkan telur dan krim masam. Gaul sebati. Kacau ke dalam adunan tepung.

d) Gaul hingga sebati. Lipat dalam kismis dan kismis. Sudukan ke dalam kaserol 2 liter yang telah digris. Bakar selama 50 minit.

e) Tutup dengan aluminium foil dan bakar 10 minit lebih lama atau sehingga masak.

29. Bahasa Inggeris Roti Rumah Ladang

BAHAN-BAHAN:
- 8 auns Tepung
- 4 auns Gula
- 8 auns buah-buahan kering campuran
- ½ setiap kulit parut limau
- 2 sudu besar Mentega
- ½ sudu teh Garam
- 2 sudu teh serbuk penaik
- 1 secubit Baking soda
- 1 setiap Telur, dipukul
- 1¼ cawan Buttermilk

ARAHAN:
a) Campurkan tepung, gula, buah-buahan, kulit limau, mentega, serbuk penaik dan soda.
b) Masukkan telur yang dipukul dan susu mentega untuk membuat doh lembut yang bagus; pukul sebati dan tuang ke dalam loyang roti 2 paun yang telah digris.
c) Bakar pada 300 F selama 1 jam, atau sehingga ujian dilakukan dengan lidi.

30. Roti Oat Bahasa Inggeris

BAHAN-BAHAN:
- 1 1/4 cawan tepung serba guna; dibahagikan, sehingga 1
- 2 sudu besar gula perang gelap; padat
- 1 sudu teh serbuk penaik
- 1 sudu teh Baking soda
- ½ sudu teh Garam
- 2 sudu besar Mentega; dilembutkan
- 2 cawan tepung gandum yang dikisar batu
- 6 sudu besar Rolled oat
- 1½ cawan Buttermilk
- 1 putih telur; untuk kaca
- 2 sudu besar Oat gulung hancur; untuk renjisan

ARAHAN:

a) Pukul 1 cawan tepung, gula perang gelap, serbuk penaik, soda penaik dan garam bersama-sama dalam mangkuk adunan yang besar. Gosok campuran di antara hujung jari anda untuk mengagihkan gula secara merata.

b) Potong mentega ke dalam adunan dengan pengisar pastri atau dua pisau sehingga adunan menyerupai serbuk halus.

c) Masukkan tepung gandum dan oat. Buat perigi di tengah adunan dan masukkan buttermilk secara beransur-ansur, kacau perlahan sehingga adunan benar-benar lembap. Menggunakan baki ¼ cawan tepung, sedikit demi sedikit, taburkan doh sedikit dan kumpulkan menjadi bebola. Uli perlahan, tambah tepung mengikut keperluan, sehingga doh licin dan kenyal, kira-kira 6-8 kali menguli.

d) Panaskan ketuhar hingga 375 darjah dan griskan sedikit loyang yang besar. Bentukkan doh menjadi bebola bulat yang licin dan letakkan di tengah-tengah loyang yang telah disediakan. Tekan bola perlahan-lahan ke dalam cakera tebal 7 inci. Dengan menggunakan pisau tajam, potong salib besar di atas doh. Pukul putih telur sedikit sehingga berbuih, dan sapu sedikit, tetapi rata, di atas bahagian atas roti, untuk sayu. Anda tidak perlu menggunakan keseluruhan putih telur.

e) Cincang kasar oat gulung dalam pemproses makanan atau pengisar dan taburkan rata di atas sayu putih telur.

f) Bakar di tengah-tengah ketuhar yang telah dipanaskan selama 40-45 minit atau sehingga roti menjadi perang elok dan berbunyi kosong apabila dipukul. Keluarkan roti ke rak segera untuk menyejukkan.

31. Roti Yogurt Inggeris

BAHAN-BAHAN:
- 4 cawan Tepung
- ¾ sudu teh baking soda
- 3 sudu teh serbuk penaik
- 1 sudu teh Garam
- 1 cawan kismis
- 2 sudu besar biji jintan
- 2 biji telur
- 1 cawan yogurt rendah lemak biasa; bercampur-campur

ARAHAN:
a) bahan kering bersama-sama. Tambah currant dan biji jintan; Masukkan telur.
b) Masukkan campuran yogurt dan air dan kacau sehingga adunan melekit terbentuk.
c) Uli di atas permukaan yang ditaburi tepung selama 1 minit kemudian bentukkan menjadi bebola dan masukkan ke dalam kaserol bulat yang telah digris dengan baik.
d) Tandakan salib di tengah dengan pisau tajam dan bakar dalam ketuhar 350 selama 1 jam dan 15 minit sebelum mengeluarkan roti dari kaserol, kemudian biarkan sejuk di atas rak dawai. Hiris nipis untuk dihidangkan.
e) Membeku dengan baik dan paling baik sehari selepas dibakar

32. Roti Soda Gandum Seluruh Inggeris

BAHAN-BAHAN:
- 3 cawan Tepung, gandum
- 1 cawan Tepung, semua guna
- 1 sudu besar Garam
- 1 sudu teh Baking soda
- ¾ sudu teh serbuk penaik
- 1½ cawan Susu mentega, yogurt atau susu yang dimasamkan dengan jus limau

ARAHAN:
a) bahan-bahan kering dan gaul sebati untuk mengedarkan soda dan serbuk penaik, kemudian tambahkan susu mentega secukupnya untuk membuat doh yang lembut tetapi cukup padat untuk mengekalkan bentuknya.
b) Uli di atas papan yang ditaburi sedikit tepung selama 2 atau 3 minit, sehingga agak licin dan baldu. Bentukkan menjadi roti bulat dan masukkan ke dalam loyang kek 8 inci yang telah disapu mentega dengan baik atau di atas loyang yang telah disapu mentega dengan baik.
c) Potong salib di bahagian atas roti dengan pisau tepung yang sangat tajam.
d) Bakar dalam ketuhar 375F yang telah dipanaskan terlebih dahulu selama 35-40 minit, atau sehingga roti berwarna perang dengan baik dan berbunyi kosong apabila diketuk dengan buku jari.

33. Roti Bir Inggeris

BAHAN-BAHAN:
- 3 cawan tepung naik sendiri
- ⅓ cawan Gula
- 1 botol bir Inggeris

ARAHAN:
a) Campurkan bahan dalam mangkuk.
b) Tuangkan adunan ke dalam loyang yang telah digris dan bakar pada suhu 350 darjah selama satu jam.
c) Hidangkan panas.

34. Roti Barmbrack Inggeris

BAHAN-BAHAN:
- 1⅛ cawan Air
- 3 cawan tepung roti
- 3 sudu teh Gluten
- 1½ sudu teh Garam
- 3 sudu besar Gula
- ¾ sudu teh kulit limau kering
- ¾ sudu teh lada sulah yang dikisar
- 1½ sudu besar Mentega
- 2 sudu besar susu kering
- 2 sudu teh Red Star Active Dry Yis
- ¾ cawan Kismis

ARAHAN:

a) Masukkan semua bahan ke dalam kuali roti mengikut arahan pengilang.

b) Ini menjadikan roti saiz sederhana padat (6-7 inci tinggi). Untuk roti yang lebih gebu, tambahkan yis kepada 2 ½ sudu teh.

c) Sediakan bahan pada suhu bilik. Jika perlu, air suam dan mentega dalam ketuhar gelombang mikro selama 50-60 saat pada suhu tinggi.

d) Tambah ¼ cawan kismis 4 minit ke dalam kitaran pertama.

e) Masukkan baki kismis selepas tempoh rehat dan semasa menguli kedua bermula.

35. Roti Jeragat Inggeris

BAHAN-BAHAN:
- 2 Roti
- 4¾ setiap satu Hingga 5 3/4 cawan tepung yang tidak diayak
- ½ cawan Gula
- 1 sudu teh Garam
- 2 bungkus yis kering
- 1 cawan air kentang
- ½ cawan Marjerin
- 2 biji telur, suhu bilik
- ¼ cawan kentang tumbuk, suhu bilik
- 1 cawan kismis tanpa biji

ARAHAN:

a) Dalam mangkuk besar campurkan 1½ cawan tepung, gula, garam dan yis tidak larut dengan teliti. Satukan air kentang dan marjerin dalam periuk.

b) Panaskan dengan api perlahan sehingga cecair suam - marjerin tidak perlu cair. Masukkan secara beransur-ansur kepada bahan kering dan pukul selama 2 minit pada kelajuan sederhana dengan pengadun elektrik, mengikis mangkuk sekali-sekala. Masukkan telur, kentang dan ½ cawan tepung, atau tepung secukupnya untuk membuat adunan pekat. Masukkan kismis dan tepung tambahan yang cukup untuk membuat doh yang lembut.

c) Terbalikkan ke atas papan tepung. Uli sehingga licin dan elastik, kira-kira 10 minit. Letakkan dalam mangkuk yang telah digris, putar doh kepada gris.

d) Tutup dan biarkan naik sehingga naik dua kali ganda secara pukal. Tumbuk doh ke bawah. Terbalikkan pada papan yang ditaburkan sedikit tepung.

e) Bahagikan doh kepada 4 bahagian sama banyak. Bentuk setiap bahagian menjadi roti langsing, kira-kira 8 ½ inci panjang. Masukkan 2 roti, sebelah menyebelah, dalam setiap 2 loyang 8 ½ x 4 ½ x 2 ½ inci yang telah digris. Penutup. Biarkan mengembang di tempat yang hangat, bebas daripada draf sehingga dua kali ganda secara pukal.

f) Bakar dalam ketuhar 375 F yang telah dipanaskan selama 35 minit, atau sehingga siap. Keluarkan dari kuali dan sejukkan pada rak dawai.

Colorado Cache Cookbook (1978) Daripada koleksi Jim Vorheis

36.Roti Rempah

BAHAN-BAHAN:
- 10 auns Tepung
- 2 sudu teh serbuk penaik
- ½ sudu teh Baking soda
- 1 sudu teh Rempah campuran
- ½ sudu teh halia dikisar
- 4 auns gula perang ringan
- 2 auns kulit manisan dicincang
- 6 auns Kismis, kosong atau emas
- 4 auns Mentega
- 6 auns sirap emas
- 1 Telur besar, dipukul
- 4 sudu besar Susu

ARAHAN:

a) Ayak tepung dengan soda dan serbuk penaik, dan rempah campuran dan halia: kemudian tambah gula perang, kulit cincang dan kismis: campurkan.

b) Buat perigi di tengah. Cairkan mentega dengan sirap dengan api perlahan, kemudian tuangkan ke dalam perigi dalam adunan. Masukkan telur dan susu yang telah dipukul dan gaul sebati. Tuangkan ke dalam loyang seberat 2 lb yang telah digris dan bakar dalam ketuhar yang telah dipanaskan pada suhu 325 F selama 40-50 minit, atau sehingga ia diuji. Roti ini akan kekal lembap selama beberapa hari, dan sebenarnya bertambah baik dalam tempoh ini.

HIDANGAN UTAMA

37. Juara Inggeris

BAHAN-BAHAN:
- 5 biji kentang bersaiz baik
- 1 cawan bawang hijau
- 1 cawan susu sebaiknya susu penuh
- 55 gram mentega masin
- garam (secukup rasa)
- lada putih (secukup rasa)

ARAHAN:

a) Isi periuk dengan kentang dan tutup dengan air yang mempunyai bulat satu sudu teh garam di dalamnya. Reneh kentang sehingga masak, untuk mempercepatkan masa memasak, potong kentang menjadi kepingan yang lebih kecil.

b) Semasa kentang masak cincang halus bawang hijau. Ketepikan bahagian hijau daripada bahagian putih.

c) Toskan air dari kentang dan pastikan semua air dikeluarkan. Kemudian masukkan mentega dan susu ke dalam periuk dan tumbuk kentang perlahan-lahan. Setelah tumbuk kacau bahagian putih bawang kemudian perasakan dengan garam dan lada putih secukup rasa. Keluarkan semua Champ ke dalam mangkuk untuk dihidangkan.

d) Sebelum dihidangkan taburkan bawang hijau cincang di atas dan nikmati.

38. Colcannon Dengan Kubis Atau Kale

BAHAN-BAHAN:
- 1kg/ 2.5 lbs kentang, dikupas
- 250g/1/2 lb kubis cincang atau kangkung kerinting, dicuci dengan baik dan dihiris halus, buang sebarang tangkai tebal
- 100ml/1cawan + 1 sudu besar susu
- 100g/1 cawan + 2 sudu besar mentega
- Garam dan lada hitam yang baru dikisar

ARAHAN:

a) Letakkan kentang yang telah dikupas dalam kuali dan tutup dengan air dengan sedikit garam. Didihkan kemudian masak hingga empuk.

b) Semasa kentang masak masak kubis atau kangkung. Letakkan 1 sudu besar mentega ke dalam kuali yang berat dan cair sehingga ia hanya bertukar berbuih. Masukkan Kale atau kubis yang dicincang dengan sedikit garam. Letakkan tudung di atas kuali dan masak dengan api yang tinggi selama 1 minit.

c) Kacau sayur-sayuran dan masak selama satu minit lagi kemudian toskan sebarang cecair dan perasakan dengan garam dan lada sulah.

d) Toskan kentang dan tumbuk dengan sedikit susu dan 1 sudu besar mentega, kemudian campurkan kangkung atau kubis dan perasakan dengan garam dan lada sulah secukup rasa.

39. Ayam Dan Leek

BAHAN-BAHAN:
- 6 auns pastri kerak pendek
- 1 ayam, kira-kira 4 lb
- 4 keping stik ham
- 4 batang daun bawang besar, dibersihkan/dihiris
- 1 biji bawang
- Garam dan lada
- 1 secubit cokmar atau buah pala
- 300 mililiter stok ayam
- 125 mililiter Krim berganda

ARAHAN:
a) Buat pastri dan biarkan di tempat yang sejuk untuk berehat.
b) Dalam hidangan 1 - 1½ liter yang dalam, letakkan lapisan ayam, ham, daun bawang dan bawang atau bawang merah, masukkan cokmar, pala dan perasa, kemudian ulangi lapisan sehingga hidangan penuh. Masukkan stok, kemudian lembapkan tepi hidangan sebelum melancarkan pastri mengikut saiz yang diperlukan.
c) Letakkan pastri di atas pai dan tekan tepi ke bawah dengan baik. Kelim mereka dengan garpu. Buat lubang kecil di tengah. Gulungkan sisa pastri dan bentukkan daun atau roset untuk bahagian atasnya. Letakkan ini dengan sangat ringan di atas lubang kecil. Sapu pastri dengan susu, dan bakar pada api sederhana, 350F, selama 25-30 minit.
d) Tutup pastri dengan kertas kalis minyak yang lembap apabila separa masak jika bahagian atas kelihatan terlalu coklat.
e) Panaskan krim perlahan-lahan. Apabila pai sudah masak, keluarkan dari ketuhar.
f) Angkat roset dengan berhati-hati dan tuangkan krim melalui lubang. Letakkan semula roset dan hidangkan. (Pai ini membentuk jeli lembut yang lazat apabila sejuk.)

40. Dieja Dan Daun Bawang

BAHAN-BAHAN:
- 50 g/2 oz (4 sudu besar) mentega
- 3 biji daun bawang, dihiris nipis
- daun beberapa tangkai thyme, dicincang
- 1 daun salam
- 350 g/12 oz (2 cawan) bijirin yang dieja
- 250 ml/8 fl oz (1 cawan) sider (sider keras)
- 750 ml/25 fl oz (3 cawan) stok sayuran (sup)
- 2 sudu besar pasli cincang
- Garam laut

ARAHAN:

a) Cairkan separuh mentega dalam kuali besar (kuali) dengan api sederhana. Goreng daun bawang dengan thyme dan daun bay selama kira-kira 5 minit sehingga empuk dan lembut. Masukkan bijirin yang dieja dan masak selama satu minit, kemudian masukkan cider dan biarkan mendidih.

b) Masukkan stok (sup) dan reneh selama 40 minit–1 jam sehingga ejaan masak dan empuk. Tambah sedikit lagi air jika perlu.

c) Keluarkan dari api dan masukkan baki mentega dan pasli. Perasakan sebelum dihidangkan.

41. Ikan Kod Dengan Safron Dan Tomato

BAHAN-BAHAN:
- 1 sudu besar minyak rapeseed (canola).
- 1 biji bawang besar, dihiris halus
- 2 ulas bawang putih, ditumbuk
- 150 g/5 oz (kira-kira 3 kecil) kentang, dikupas dan dipotong dadu
- 1 daun salam
- 175 ml/6 fl oz (. cawan) sherry
- secubit kunyit yang baik
- 350 ml/12 fl oz (1. cawan) stok ikan (sup)
- 1 x 400-g (14-oz) tin tomato cincang, dikisar
- 600 g/1 lb 5 oz fillet ikan kod, dikuliti dan direbus, dipotong menjadi kepingan bersaiz gigitan
- 2 sudu besar pasli
- garam laut dan lada hitam yang baru dikisar

ARAHAN:

a) Panaskan minyak dalam kuali besar di atas api sederhana, masukkan bawang besar dan bawang putih, tutup dan masak selama kira-kira 5 minit sehingga lembut dan berwarna cantik. Perasakan dengan sedikit garam.

b) Masukkan kentang dan daun bay dan masak selama beberapa minit. Kemudian masukkan sherry, kunyit dan stok ikan (kuah). Masak selama kira-kira 15 minit sehingga kentang hampir empuk.

c) Masukkan tomato, kecilkan hingga mendidih dan masak selama 15 minit. Pada minit terakhir, masukkan ikan dan masak selama 1 minit. Masukkan pasli cincang dan perasakan dengan garam dan lada sulah secukup rasa.

42. Merpati Dan Gempal

BAHAN-BAHAN:
- 4 ekor merpati, dipetik dan dihancurkan
- 4 sudu besar minyak rapeseed (canola).
- 75 g/2. oz (5. sudu besar) mentega
- beberapa tangkai thyme
- 2 bawang, dicincang
- 2 ulas bawang putih, dicincang sangat halus
- 250 g/9 oz cendawan, dihiris
- 500 ml/17 fl oz (2 cawan) stok ayam (sup)
- 4 sudu besar wiski
- 500 ml/17 fl oz (murah 2 cawan) gempal
- garam laut

ARAHAN:
a) Perasakan merpati dengan garam laut. Panaskan 3 sudu besar minyak dalam kuali besar dengan api sederhana, masukkan merpati dan goreng. Selepas beberapa minit, masukkan mentega dengan thyme dan biarkan karamel. Rebus merpati selama beberapa minit sehingga keperangan. Keluarkan merpati dari kuali dan biarkan berehat.
b) Lap kuali dengan beberapa tuala kertas, buang mentega dan thyme. Panaskan baki minyak dalam kuali dengan api sederhana dan goreng bawang dan bawang putih selama 3-4 minit sehingga lut sinar.
c) Perasakan dengan garam laut, masukkan cendawan dan masak selama 5-7 minit sehingga cendawan mempunyai warna yang menarik. Masukkan stok ayam (sup), wiski dan gempal.
d) Didihkan, kecilkan api dan reneh selama 30 minit.
e) Kembalikan merpati ke dalam kuali, tutup dan reneh selama 20 minit lagi sehingga merpati masak; suhu teras daging dada harus mencapai 65C/150F pada termometer daging.

43. Periuk panas kambing

BAHAN-BAHAN:
- 750 g/1 lb 10 oz lb bahu kambing, dipotong dadu
- 50 g/2 oz (. cawan) daging lembu menitis
- 3 biji bawang, dihiris
- 2 sudu besar thyme dicincang halus
- 2 sudu besar tepung biasa (semua guna).
- 750 ml/25 fl oz (3 cawan) stok kambing (sup), dipanaskan
- 750 g/1 lb 10 oz lb (7 sederhana) kentang, dikupas dan dihiris nipis
- 50 g/2 oz (3. sudu besar) mentega, cair
- garam laut dan lada hitam yang baru dikisar

ARAHAN:
a) Panaskan ketuhar kepada 180C/350F/ Tanda Gas 4.
b) Perasakan kambing dengan lada hitam dan garam. Panaskan daging lembu yang menitis dalam periuk besi tuang dengan api sederhana, masukkan kambing dan goreng, dalam kelompok, selama 5-10 sehingga perang elok. Angkat dan simpan di tempat yang hangat.
c) Masukkan bawang dan separuh thyme ke dalam periuk dan masak selama kira-kira 5 minit sehingga lembut dan lut sinar. Untuk membuat roux, tambah tepung dan masak selama 2 minit untuk membentuk pes longgar. Tuangkan secara beransur-ansur stok kambing yang hangat (sup) dan kacau sehingga roux telah larut.
d) Kembalikan kambing yang telah berwarna perang ke dalam periuk. Letakkan hirisan kentang di atas dalam corak bulat. Sapu dengan mentega cair dan perasakan dengan garam laut, lada hitam dan baki thyme.
e) Tutup dan bakar dalam ketuhar yang telah dipanaskan selama 45 minit. Keluarkan penutup selama 15 minit terakhir untuk membolehkan kentang menjadi perang.

44. Kuah Ayam Dengan Banyak Kebaikan

BAHAN-BAHAN:
- 1.8 liter (3 pain) stok ayam buatan sendiri yang berperisa baik dan skim yang baik
- 225g (8oz) ayam yang belum dimasak atau dimasak, dicincang (saya lebih suka menggunakan daging perang)
- garam laut mengelupas dan lada hitam yang baru dikisar
- 6 biji tomato merah sederhana, potong dadu 1cm (1/2 inci).
- 2–3 buah alpukat Hass masak, potong dadu 1.5cm (2/3).
- 2 biji bawang merah sederhana, potong dadu 1cm (1/2 inci).
- 2 biji cili Serrano atau Jalapeño hijau, dihiris nipis
- 3 biji limau nipis organik, potong baji
- 3–4 tortilla jagung lembut atau beg besar cip tortilla berkualiti tinggi
- 4-6 sudu besar daun ketumbar dicincang kasar

ARAHAN:
a) Masukkan stok ayam ke dalam periuk lebar 2.5 liter (4 1/2 pain) dan bawa ke
b) bisul. Rasa dan perasakan dengan garam dan lada sulah - stok harus mempunyai rasa yang kaya, jika tidak sup akan menjadi hambar dan hambar.
c) Sejurus sebelum dihidangkan, masukkan ayam yang dicincang tadi ke dalam air rebusan panas dan rebus perlahan-lahan supaya tidak keras.
d) Ayam yang telah dimasak hanya perlu dipanaskan dalam kuahnya.
e) Daging putih mentah akan mengambil masa 2–3 minit untuk dimasak dan daging perang sedikit lebih lama – 4–6 minit. Perasakan secukup rasa.

45. Kubis Dan Bacon

BAHAN-BAHAN:
- 2 kobis Savoy kecil
- 8 ketul bacon
- Garam dan lada
- 4Beri allspice keseluruhan
- 300 mililiter Bacon atau stok ayam

ARAHAN:
a) Potong kubis separuh dan rebus selama 15 minit dalam air masin.
b) Toskan, dan rendam dalam air sejuk selama 1 minit, kemudian toskan dengan baik dan potong. Lapik bahagian bawah kaserol dengan separuh jalur bacon, kemudian letakkan kubis di atas dan masukkan perasa.
c) Tambah stok yang cukup untuk hampir menutup, kemudian letakkan baki bacon di atasnya. Tutup dan reneh selama sejam, sehingga kebanyakan cecair diserap.

46. Ikan Haring Sumbat Bakar

BAHAN-BAHAN:
- 4 sudu besar serbuk roti (timbun)
- 1 sudu teh pasli, dicincang
- 1 biji Telur kecil, dipukul
- 1 Jus dan kulit limau
- 1 secubit Pala
- 1 Garam dan lada sulah
- 8 ikan haring, dibersihkan
- 300 mililiter Cider keras
- 1 helai daun salam, hancur sebati
- 1 lada tanah segar

ARAHAN:

a) Mula-mula buat pemadat dengan mencampurkan serbuk roti, pasli, telur yang dipukul, jus limau dan kulit, serta garam dan lada sulah.

b) Sumbat ikan dengan adunan tadi. Baringkan dalam pinggan kalis ketuhar, rapat; masukkan cider, daun bay hancur dan garam dan lada sulah.

c) Tutup dengan foil dan bakar pada 350F selama kira-kira 35 minit.

47. Saderi Rebus

BAHAN-BAHAN:
- 1 setiap kepala saderi
- 1 setiap bawang Sederhana
- 1 sudu teh pasli cincang
- 2 keping bacon
- 10 auns cecair Stok
- 1 x Garam/lada sulah secukup rasa
- 1 auns Mentega

ARAHAN:
a) Bersihkan saderi, potong satu inci dan masukkan ke dalam bekas kaserol.
b) Bacon dan bawang cincang halus dan taburkan ke atas saderi bersama pasli cincang. Tuangkan pada stok. Titik dengan tombol mentega.
c) Tutup hidangan dan bakar dalam ketuhar sederhana selama 30-45 minit.

48. Ikan Salmon Berkulit Lima Rempah Dengan Sauerkraut

BAHAN-BAHAN:
- ½ paun daging Inggeris
- 1 sudu besar biji jintan
- 1 Bawang besar
- 1 tomato plum; dicincang, dengan
- Biji dan kulit
- 2 paun Sauerkraut; dikeringkan jika perlu
- 12 auns bir Lager
- ¼ cawan biji ketumbar
- ¼ cawan biji jintan manis
- ¼ cawan biji Adas
- ¼ cawan biji bawang hitam
- ¼ cawan biji sawi hitam
- 4 fillet salmon hingga 6 - (6 oz ea); kulit pada, potong
- Dari bahagian tengah
- ¼ cawan minyak sayuran

ARAHAN:

a) Peluh bacon, biji jintan dan bawang selama lima hingga tujuh minit atau sehingga lembut, tetapi tidak berwarna.

b) Masukkan tomato, sauerkraut dan bir dan biarkan mendidih.

c) Kecilkan api hingga mendidih dan masak, ditutup selama satu jam. Biarkan sejuk dan simpan sehingga diperlukan. Ia akan disimpan, disejukkan, sehingga seminggu tanpa rosak. Salmon: Kisar setiap rempah sebentar dalam pengisar untuk hancur, tetapi jangan lumat hingga menjadi serbuk. Campurkan kesemuanya sebati dalam mangkuk. Basahkan setiap kepingan salmon dengan air di bahagian kulit. Korek setiap bahagian, bahagian kulit ke bawah, dalam campuran rempah.

d) Mengetepikan. Sementara itu, panaskan dahulu kuali atau kuali tumis yang berat. Masukkan minyak dan kemudian masukkan kepingan salmon, bahagian kulit ke bawah dan tutup dengan penutup yang ketat. Biarkan mereka masak selama empat minit di sebelah sahaja, untuk ikan yang jarang ditemui.

e) Masak lebih lama jika mahu. Buka tutup kuali dan keluarkan ikan ke tuala kertas untuk toskan. Hidangkan salmon dengan sauerkraut panas.

49. Kerang Mentega Panas

BAHAN-BAHAN:
- 2 pint Kerang
- 4 auns Mentega
- 1 Garam dan lada sulah
- 2 sudu besar daun kucai dicincang

ARAHAN:
a) Basuh kerang dengan teliti di bawah air yang mengalir. Keluarkan "janggut" dan buang sebarang cengkerang terbuka.
b) Letakkan kerang dalam kuali dan masak pada suhu tinggi selama 7 atau 8 minit, sehingga cangkerang terbuka. Perasakan dengan garam atau lada sulah. Letakkan dalam hidangan hidangan dan tuangkan jus masakan.
c) Titik dengan tombol mentega dan taburkan dengan daun kucai yang dicincang. Hidangkan dengan roti coklat segar dan mentega.

50. Bahasa Inggeris Cinnamon Potatoes

BAHAN-BAHAN:
- 8 auns krim keju, dilembutkan
- 8 auns kelapa
- 1 Kotak (1 lb) 10X gula
- 1 sudu besar Susu
- 1 sudu besar wiski Inggeris, (atau vanila)
- Kayu manis

ARAHAN:
a) Campurkan bersama krim keju dan gula.
b) Kemudian masukkan bahan-bahan lain (kecuali kayu manis).
c) Gulung menjadi bebola ¾". Gulung dalam kayu manis.
d) Biarkan beberapa hari untuk ditetapkan. Kemudian nikmati.

51. Bahasa Inggeris Pinggang Babi Dengan Limau Dan Herba

BAHAN-BAHAN:
- 6 paun Pinggang babi tanpa tulang
- ½ cawan pasli cincang
- ¼ cawan bawang cincang
- ¼ cawan kulit limau parut halus
- 1 sudu besar Basil
- 3 ulas bawang putih ditumbuk
- ¾ cawan minyak zaitun
- ¾ cawan sherry kering

ARAHAN:
a) Tepuk daging babi kering. Skor dengan baik dengan pisau tajam.
b) Satukan pasli, bawang, kulit, basil, dan bawang putih dalam mangkuk kecil.
c) Pukul dalam ⅔ minyak. Gosok ke dalam daging babi.
d) Balut dalam foil dan sejukkan semalaman. Biarkan daging babi berdiri pada suhu bilik 1 jam sebelum dibakar.
e) Panaskan ketuhar hingga 350 darjah F. Sapu daging babi dengan baki minyak zaitun. Letakkan di atas rak dalam kuali cetek.
f) Panggang sehingga termometer daging dimasukkan ke dalam bahagian paling tebal daging mencatat 170 darjah F, kira-kira 2½ jam. Ketepikan daging. Degriskan jus kuali.
g) Kisar Sherry ke dalam jus kuali. Tutup dan masak dengan api perlahan 2 minit.
h) Pindahkan daging babi ke pinggan. Hiaskan dengan pasli segar dan hirisan limau. Hidangkan sos secara berasingan.

52. Babi Inggeris Dalam Gempal Dengan Rempah

BAHAN-BAHAN:
- 6 auns gula perang
- Bawang putih
- Oregano
- Thyme
- Cuka
- 2 sudu kecil garam batu
- 2 sudu kecil lada hitam dikisar
- 6 buah zaitun hitam
- Sage
- 6 buah prun
- Isi ikan bilis
- 2 sudu besar Mentega
- 2 sudu besar minyak zaitun
- 1 Bawang besar; dihiris
- 1 auns Roux

ARAHAN:

a) Potong kulit daging babi dengan berhati-hati dan letakkan di sebelah. Buat enam hirisan pada setiap buku jari. Balutkan bijak di sekeliling buah zaitun dan masukkan ke dalam separuh hirisan. Balut ikan bilis di sekeliling prun dan masukkan ke dalam lubang lain. Untuk menyediakan perapan hanya masukkan semua bahan perapan ke dalam pengisar dan gaul hingga menjadi pes yang licin.

b) Jika pes terlalu kering tambah sedikit minyak untuk membentuk pes. Tuangkan perapan ke atas dua buku jari dan biarkan semalaman. Untuk memasak daging babi, ambil periuk besar dan cairkan 2oz mentega dan 2 sudu besar minyak zaitun. Perangkap daging dalam periuk selama 5-8 minit, pusing separuh.

c) Masukkan hirisan bawang besar dan baki perapan.

d) Tambah satu botol kecil gempal.

e) Letakkan kulit dari buku jari di atas daging untuk membentuk 'penutup'. Letakkan periuk dalam ketuhar yang rendah pada suhu 130C/gas2 selama 3-4 jam. Buang kulit. Keluarkan tulang dari daging, yang sepatutnya berlaku dengan mudah kemudian masukkan ke dalam mangkuk hidangan.

f) Kisar baki jus dalam pengisar dan tapis ke dalam periuk. Didihkan jus dan masukkan roux untuk pekat. Tuangkan ke atas daging. Hidang.

53. Ikan trout dibakar Inggeris Style

BAHAN-BAHAN:
- 4 bawang hijau; dihiris
- 1 lada hijau; dicincang
- ¼ cawan Marjerin atau mentega
- 1 cawan serbuk roti lembut
- ¼ cawan pasli segar; terselit
- 1 sudu teh jus limau
- 1 sudu teh Garam
- ¼ sudu teh daun selasih kering
- 4 Ikan trout keseluruhan; garam yang ditarik

ARAHAN:

a) Masak dan kacau bawang dan lada dalam marjerin sehingga bawang lembut; keluarkan dari haba. Kacau dalam serbuk roti, pasli, jus limau, 1 sudu kecil. garam dan selasih.

b) Gosok rongga ikan dengan garam; isi setiap satu dengan kira-kira ¼ c.pemadat. Letakkan ikan dalam loyang bujur yang telah digris, 13 1/2x9x2 inci.

c) Masak tidak bertutup dalam 350 darjah. ketuhar sehingga ikan mengelupas dengan mudah dengan garpu, 30 hingga 35 minit.

d) Hiaskan ikan dengan tomato ceri dan pasli jika mahu.

STEW DAN SUP

54. Stew Kambing Inggeris

BAHAN-BAHAN:
- 1-1½ kg atau 3.5 lbs leher atau bahu kambing
- 3 biji bawang besar, dihiris halus
- Garam dan lada hitam yang baru dikisar
- 3-4 lobak merah, dicincang kecil
- 1 daun bawang, dicincang kecil
- 1 lobak kecil/swede/rutagaga, dicincang kecil
- 10 kentang baru kecil, dikupas dan dibelah empat, atau 2 kentang besar, dikupas dan dicincang
- 1/4 daripada kobis kecil, dicincang
- Sejambak pasli, thyme dan daun bay - ikat ini bersama-sama dengan tali yang boleh anda tinggalkan
- Sedikit sos Worcestershire

ARAHAN:

a) Anda boleh meminta penjual daging anda memotong daging dari tulang dan memotong lemak, tetapi simpan tulangnya atau lakukan ini di rumah. Buang lemak dan potong daging menjadi kiub. Masukkan daging ke dalam periuk yang diisi dengan air masin sejuk dan biarkan mendidih bersama daging. Setelah mendidih matikan api dan toskan, bilas kambing untuk mengeluarkan sisa.

b) Semasa ini mendidih masukkan tulang, bawang, sayur-sayuran tetapi jangan kentang atau kubis ke dalam periuk baru. Masukkan perasa dan sejambak herba dan tutup dengan air sejuk. Apabila daging dibilas masukkan ke dalam periuk ini dan reneh selama satu jam. Anda perlu mengeluarkan buih dengan kerap.

c) Pada tanda satu jam masukkan kentang dan teruskan masak rebusan selama 25 minit. Masukkan kentang dan teruskan masak selama 25 minit. Masukkan kubis selama 6-7 minit terakhir memasak.

d) Apabila daging empuk dan hancur, keluarkan tulang dan jambangan herba. Pada ketika ini rasa rebusan dan kemudian masukkan sos Worcestershire secukup rasa dan kemudian hidangkan.

55. Parsnips Bakar Gaya Inggeris

BAHAN-BAHAN:
- 2½ paun Parsnip
- 2 auns Mentega atau lemak bacon
- 3 sudu besar Stok
- 1 x Garam dan lada sulah
- 1 x Buah pala secubit

ARAHAN:
a) Kupas parsnip, suku, dan keluarkan sebarang inti berkayu. Rebus selama 15 minit.
b) Letakkan dalam pinggan kalis ketuhar. Masukkan stok dan taburkan garam, lada sulah dan buah pala.
c) Titik dengan mentega dan bakar selama 30 minit di atas rak yang rendah dalam ketuhar sederhana.

56. Chowder Makanan Laut Inggeris

BAHAN-BAHAN:
- 4 fillet hake kecil sekitar 1lb/500g
- 2 fillet salmon seperti di atas
- 1 keping ikan salai sekitar 1/2lb/250g
- 1 sudu besar minyak sayuran
- 1 sudu kecil mentega
- 4 biji kentang
- 2 lobak merah
- 1 biji bawang
- 500mls/ 2.25 cawan stok ikan atau ayam
- 2 sudu besar dill kering
- 250ml / 1 cawan krim
- 100ml/1/2 cawan susu
- 4 sudu besar daun kucai dihiris halus

ARAHAN:
a) Ambil kentang dan kupas dan potong dadu kecil. Dengan kulit lobak merah dan dadu menjadi kiub yang lebih kecil daripada kentang.
b) Keluarkan kulit ikan jika ada dan potong dadu besar, ia akan pecah dalam masakan.
c) Letakkan minyak dan mentega dalam periuk dalam perlahan-lahan tumis bawang, kentang, dill dan lobak merah selama lebih kurang 5 minit. Tuangkan stok ke dalam kuali dan masak sehingga mendidih selama 1 minit.
d) Ambil penutup periuk dan masukkan krim dan susu kemudian ikan. Reneh perlahan-lahan (jangan mendidih) sehingga ikan masak.
e) Hidangkan dengan hiasan pasli dan sebahagian daripada Roti Gandum buatan sendiri anda.

57. Rebusan Ayam Dengan Ladu

BAHAN-BAHAN:
- 1 ekor ayam, potong 8 bahagian
- 15 g/. oz (2 sudu besar) tepung biasa (semua guna).
- 2 sudu besar minyak rapeseed (canola).
- 15 g/. oz (1 sudu besar) mentega
- 1 bawang, dicincang
- 4 helai daun sage
- setangkai setiap rosemary dan thyme
- 2 lobak merah, dicincang
- 250 ml/8 fl oz (1 cawan) sider (sider keras)
- 1 liter/34 fl oz (4. cawan) ayam
- stok (sup)
- 1 sudu teh garam laut
- lada hitam yang baru dikisar
- pasli daun rata yang dicincang, untuk hiasan Untuk ladu
- 350 g/12 oz (2. cawan) tepung biasa (semua guna), diayak
- 50 g/2 oz (4 sudu besar) mentega sejuk, parut
- 1 sudu teh serbuk penaik
- 350 ml/12 fl oz (1. cawan) susu
- garam laut

ARAHAN:

a) Perasakan kepingan ayam dengan semua garam dan sedikit lada sulah dan salutkan dengan tepung.

b) Panaskan minyak di atas api yang sederhana tinggi dalam kuali besar berdasar berat atau hidangan kaserol (ketuhar Belanda) dan goreng kepingan ayam, secara berkelompok, selama kira-kira 5 minit sehingga semuanya berwarna perang keemasan. Ketepikan ayam dan lapkan kuali.

c) Cairkan mentega dalam kuali dan masukkan bawang, sage, rosemary dan thyme. Goreng selama 3-4 minit sehingga bawang lembut kemudian masukkan lobak merah. Deglaze kuali dengan cider dan biarkan mendidih.

d) Kembalikan ayam dan jus ke dalam kuali dan tutup dengan stok (sup). Reneh di atas api sederhana sederhana selama kira-kira 25-30 minit sehingga ayam masak tanpa tanda merah jambu dan jusnya menjadi jelas.

e) Sementara itu, untuk membuat ladu, satukan tepung dan mentega dalam mangkuk dengan serbuk penaik dan garam. Masukkan susu untuk membuat doh yang longgar. Masukkan sesudu besar adunan ladu ke dalam kuali dengan ayam selama 5-10 minit terakhir masa memasak, terbalikkan ladu separuh supaya ia masak di kedua-dua belah.

f) Masukkan pasli dan hidangkan.

58. Sup Krim Kerang

BAHAN-BAHAN:
- ¾ pint kerang
- 3 cawan air sejuk
- 2 auns Mentega
- 1 auns Tepung
- ½ cawan krim tunggal
- 1 x Garam dan lada sulah

ARAHAN:
a) Basuh kerang hingga bersih.
b) Panaskan dalam kuali kering sehingga kulitnya terbuka. Kerang dan janggut kerang.
c) Dalam periuk, cairkan mentega, tambah tepung dan goreng selama 1 atau 2 minit.
d) Keluarkan dari api dan kacau dalam air, serta sebarang cecair yang tinggal dari kuali. Masukkan garam dan lada, biarkan mendidih, tutup dan reneh selama 10 minit.
e) Keluarkan dari haba. Masukkan kerang dan krim. Sesuaikan perasa dan hidangkan segera.

59. Sup Kacang Segar

BAHAN-BAHAN:
- 350 gram Kacang polong, dikupas kulit baru
- 2 sudu besar Mentega
- 1 setiap bawang bersaiz sederhana, dicincang
- 1 setiap kepala salad aisberg/dicincang
- 1 setiap Sprig pudina, dicincang
- 1 setiap Sprig pasli, dicincang
- 3 keping bacon, dicincang
- 1½ liter stok Ham
- 1 x Garam dan lada sulah
- 1 x Gula
- 1 x pasli cincang

ARAHAN:
a) Selepas memerah kacang, simpan buahnya, basuh dan masukkannya ke dalam stok ham sambil menyediakan sup.
b) Panaskan mentega dalam periuk besar dan lembutkan bawang di dalamnya, kemudian masukkan salad, pudina dan pasli.
c) Buang kulit dan potong daging. Goreng selama kira-kira 2 minit, pusingkannya dari semasa ke semasa; masukkan ke dalam periuk bersama kacang polong, garam, lada sulah dan sedikit gula. Tapis stok dan masukkan.
d) Didihkan, kacau, kemudian reneh selama kira-kira setengah jam sehingga kacang agak lembut.
e) Hiaskan dengan pasli cincang atau pudina.

60. Sup Krim Kentang Inggeris Segera

BAHAN-BAHAN:
- 1 cawan Kentang; dikupas dan dipotong dadu
- 1 cawan Bawang; dipotong dadu
- 1 cawan lobak merah; dipotong dadu
- 2 sudu besar Dill, segar; dicincang ATAU
- 1 sudu besar Dill kering
- ¼ sudu teh lada putih kisar
- 1 sudu teh bawang putih butiran ATAU
- 2 sudu teh bawang putih segar; cincang
- 3 sudu besar Minyak jagung
- 4 cawan; air
- 2¼ cawan susu soya ringan
- 2 sudu besar serbuk bouillon sayur
- 1 cawan kepingan kentang tumbuk segera

ARAHAN:
a) Dalam periuk sederhana, tumis kentang, bawang, lobak merah; lada, dill dan bawang putih dalam minyak dengan api sederhana selama 6 minit.
b) Masukkan air, susu soya dan serbuk bouillon.
c) Masukkan serpihan kentang perlahan-lahan, sebat sentiasa untuk memastikan serakan sekata.
d) Kecilkan api ke rendah dan masak, kacau sekali-sekala, sehingga kentang masak dan adunan panas, kira-kira 15 minit.

61. Sup Turnip Dan Bacon

BAHAN-BAHAN:
- ¼ paun daging bergaris, dibuang
- ¼ paun bawang cincang
- ¼ paun kentang cincang
- ¾ paun lobak dicincang
- Stok 2 pain
- 1 x Lemak untuk menggoreng

ARAHAN:
a) Potong dan goreng daging dan bawang.
b) Masukkan kentang, lobak dan stok.
c) Masak perlahan-lahan sehingga sayur lembut.
d) Sesuaikan perasa dan hidangkan.

PENJERAHAN

62. Tukang kasut Hutan Hitam

BAHAN-BAHAN:
- ½ cawan gula
- 1 sudu besar tepung jagung
- 7 cawan ceri tart merah, (kira-kira 2 paun)
- ¼ sudu teh ekstrak badam
- ¾ cawan tepung serba guna
- ¼ cawan membakar koko
- 1 sudu besar gula
- 1 ½ sudu teh serbuk penaik
- ½ sudu teh garam
- 3 sudu besar mentega atau marjerin
- ½ cawan susu
- Krim atau ais krim, jika mahu

ARAHAN:

a) Panaskan ketuhar hingga 400°F. Campurkan ½ cawan gula dan tepung jagung dalam periuk 2 liter. Kacau dalam ceri. Masak dengan api sederhana, kacau sentiasa, sehingga adunan pekat dan mendidih. Didihkan dan kacau selama 1 minit. Kacau dalam ekstrak badam. Tuangkan ke dalam kaserol 2-kuar yang tidak disapu; panaskan dalam ketuhar.

b) Campurkan tepung, koko, 1 sudu besar gula, serbuk penaik, dan garam dalam mangkuk kecil. Potong mentega, menggunakan pengisar pastri atau silangkan 2 pisau, sehingga adunan kelihatan seperti serbuk halus. Kacau dalam susu. Titiskan doh sebanyak 6 sudu ke atas campuran buah panas.

c) Bakar tanpa penutup selama 25 hingga 30 minit atau sehingga topping ditetapkan. Hidangkan hangat dengan krim. Penggantian

63. Epal rangup

BAHAN-BAHAN:
- 6 cawan epal yang dihiris dan dikupas (cth, Granny Smith)
- 2 sudu besar butiran kopi segera
- ½ cawan gula pasir
- 1 sudu teh kayu manis tanah
- ½ sudu teh pala tanah
- 1 cawan oat kuno
- ½ cawan tepung serba guna
- ½ cawan gula perang yang dibungkus
- ½ cawan mentega tanpa garam, sejuk dan kiub

ARAHAN:

a) Panaskan ketuhar anda hingga 350°F (175°C) dan griskan loyang 9x13 inci.

b) Larutkan butiran kopi segera dalam 2 sudu air panas dan ketepikan.

c) Dalam mangkuk besar, gabungkan epal yang dihiris dan campuran kopi terlarut. Tos sampai kot.

d) Dalam mangkuk yang berasingan, campurkan gula pasir, kayu manis yang dikisar, dan buah pala yang dikisar. Taburkan campuran ini ke atas epal dan toskan hingga berlapis.

e) Pindahkan campuran epal ke dalam hidangan pembakar yang disediakan.

f) Dalam mangkuk, satukan oat lama, tepung serba guna, gula perang dan mentega kiub sejuk. Gaul hingga lumat.

g) Taburkan campuran oat secara merata ke atas epal.

h) Bakar selama 40-45 minit atau sehingga topping berwarna perang keemasan, dan epal lembut.

i) Biarkan ia sejuk sedikit sebelum dihidangkan. Nikmati rangup epal cappuccino anda!

64. Tukang kasut Beri Campuran Dengan Biskut Gula

BAHAN-BAHAN:
- Minyak sayuran, untuk pelinciran
- 2 cawan strawberi segar, dihiris
- 2 cawan beri hitam segar
- 2 cawan beri biru segar
- 1 cawan gula pasir
- ¾ cawan air
- 2 sudu besar mentega tanpa garam
- 1 sudu besar ekstrak vanila
- 3 sudu besar tepung jagung

UNTUK TOPPING BISKUT:
- 2 cawan tepung serba guna
- ¼ cawan gula pasir
- 3 sudu besar serbuk penaik
- ½ sudu teh garam halal
- ¾ cawan mentega
- 5 sudu besar mentega tanpa garam sejuk, dicincang
- 2 sudu teh ekstrak vanila
- 2 sudu besar mentega tanpa garam
- 2 sudu besar gula kasar

ARAHAN:

a) Panaskan ketuhar hingga 375 darjah F. Gris sedikit loyang 9 kali 13 inci.

b) Dalam periuk besar di atas api sederhana, gabungkan buah beri dengan gula, air, mentega dan vanila. Apabila buih mula terbentuk, cedok kira-kira ¼ cawan cecair dari periuk.

c) Dalam mangkuk kecil, satukan ¼ cawan cecair panas dengan tepung jagung dan gaul sehingga tidak berketul. Tuang semula bancuhan tepung jagung ke dalam periuk bersama beri dan kacau. Masak sehingga semuanya pekat, kemudian tuangkan adunan buah ke dalam loyang. Mengetepikan.

d) Untuk topping biskut, dalam mangkuk besar, satukan tepung, gula, serbuk penaik, dan garam. Pukul sehingga sebati. Masukkan buttermilk, mentega yang dicincang, dan vanila. Campurkan bahan. Cedok adunan biskut dan letakkan di atas inti beri.

e) Sapu biskut dengan mentega cair, kemudian taburkan pada gula kasar. Bakar dalam ketuhar, tidak bertutup, selama 30 hingga 35 minit. Keluarkan dari ketuhar, dan biarkan sejuk. Hidangkan dengan atau tanpa aiskrim.

65. Mini Kek Gerimis Limau

BAHAN-BAHAN:
- 2 biji telur
- 100g (kira-kira 3.5 auns) mentega, dilembutkan
- 100g (kira-kira 3.5 auns) gula kastor
- 100g (kira-kira 3.5 auns) tepung naik sendiri
- Perahan 1 limau
- Jus 1 limau
- 50g (kira-kira 1.75 auns) gula pasir

ARAHAN:

a) Panaskan ketuhar anda hingga 180°C (350°F). Minyak dan alaskan kek cawan mini atau loyang kek.

b) Dalam mangkuk adunan, pukul mentega dan gula halus hingga berkrim. Masukkan telur satu persatu, gaul rata selepas setiap penambahan.

c) Ayak tepung naik sendiri dan masukkan perahan limau nipis. Gaul sehingga sebati.

d) Sudukan adunan ke dalam loyang kek mini dan bakar lebih kurang 12-15 minit atau sehingga kek berwarna keemasan.

e) Semasa kek dibakar, campurkan jus limau dan gula pasir untuk membuat gerimis.

f) Sebaik sahaja kek keluar dari ketuhar, cucukkannya dengan garpu atau pencungkil gigi dan renjiskan campuran limau-gula ke atasnya.

g) Biarkan kek sejuk sebelum dihidangkan.

66. Biskut Teh Ruby

BAHAN-BAHAN:
- 2 cawan tepung serba guna, diayak
- 2 sudu besar gula
- 4 sudu teh serbuk penaik
- ½ sudu teh garam
- ½ cawan pemendekan sayuran
- ¾ cawan susu
- Tepung tambahan untuk papan
- Jem merah untuk pusat

ARAHAN:

a) Panaskan ketuhar hingga 425 darjah Fahrenheit dan letakkan rak ketuhar di tengah.

b) Dalam mangkuk adunan yang besar, satukan 2 cawan tepung yang telah diayak, gula, serbuk penaik, dan garam. Kacau bahan kering sebati dengan garpu.

c) Menggunakan pemotong pastri atau dua pisau, masukkan pemendekan sayuran ke dalam adunan kering sehingga ia menyerupai serbuk roti kasar.

d) Tuangkan susu dan campurkan perlahan-lahan ke dalam adunan tepung dengan garpu, hanya sehingga bebola lembut doh terbentuk.

e) Letakkan doh di atas permukaan yang bertepung dan uli dengan tangan yang ditaburkan tepung kira-kira 12 kali.

f) Canai doh setebal ¼ inci menggunakan penggiling tepung.

g) Menggunakan pemotong biskut 2 inci, potong bulatan dalam doh. Pastikan memotongnya terus ke bawah tanpa memutar pemotong. Letakkan bulatan pada helaian kuki, jarakkannya kira-kira 1 inci.

h) Ambil pemotong biskut 1 inci dan potong lubang di tengah bulatan yang tinggal, buat cincin. Keluarkan pusat dengan berhati-hati menggunakan spatula dan ketepikan.

i) Letakkan cincin di atas bulatan doh besar yang sudah ada pada lembaran biskut.

j) Sudukan ½ sudu teh jem atau jeli ke dalam perigi tengah setiap biskut.

k) Bakar pada suhu 425 darjah Fahrenheit selama 12 hingga 15 minit, atau sehingga biskut kembang dan keemasan.

l) Segera keluarkan biskut teh dari lembaran biskut menggunakan spatula logam.

m) Bakar bulatan kecil (pusat biskut) selama 11 hingga 12 minit, buat biskut kecil tambahan untuk dihidangkan bersama yang lain.

67. Kuki Roti Pendek

BAHAN-BAHAN:
- 1 cawan (2 batang) mentega tanpa garam, dilembutkan
- ½ cawan gula pasir
- 2 cawan tepung serba guna
- ¼ sudu teh garam
- 1 sudu teh ekstrak vanila

ARAHAN:
a) Panaskan ketuhar anda hingga 325°F (160°C). Lapik loyang dengan kertas parchment.
b) Dalam mangkuk adunan, pukul bersama mentega dan gula yang telah dilembutkan sehingga ringan dan gebu.
c) Masukkan esen vanilla dan gaul hingga sebati.
d) Masukkan tepung dan garam secara beransur-ansur, gaul sehingga menjadi doh.
e) Canai doh di atas permukaan yang ditaburkan sedikit tepung dengan ketebalan kira-kira ¼ inci.
f) Gunakan pemotong biskut untuk memotong bentuk yang diingini dan letakkannya di atas loyang yang disediakan.
g) Bakar dalam ketuhar yang telah dipanaskan selama 12-15 minit, atau sehingga bahagian tepi berwarna keemasan.
h) Benarkan kuki sejuk di atas rak dawai.

68. Strawberi Eton Mes

BAHAN-BAHAN:
- 4 sarang meringue, dihancurkan
- 2 cawan strawberi segar, dikupas dan dihiris
- 1 cawan krim berat
- 2 sudu besar gula halus

ARAHAN:
a) Dalam mangkuk adunan, pukul krim kental dan gula tepung bersama-sama sehingga membentuk puncak lembut.

b) Lipat perlahan-lahan ke dalam sarang meringue yang telah dihancurkan dan strawberi yang dihiris.

c) Sudukan adunan ke dalam gelas atau mangkuk hidangan.

d) Pilihan: Hiaskan dengan tambahan hirisan strawberi atau daun pudina.

e) Hidangkan segera dan nikmati!

69. Passionfruit Posset

BAHAN-BAHAN:
- 300 ml krim berganda
- 75 gram gula kastor
- 1 Limau
- 2 Buah Markisa
- coklat; biskut, untuk dihidangkan

ARAHAN:
a) Letakkan krim dan gula dalam kuali dan biarkan mendidih, kacau sehingga gula larut.
b) Parut kulit dari limau dan kacau ke dalam kuali dengan jus.
c) Kacau selama seminit atau lebih sehingga adunan pekat, kemudian keluarkan dari api.
d) Belah separuh buah markisa, cedok biji, dan pulpa ke dalam posset. Kacau rata dan tuangkan ke dalam dua gelas wain bertangkai.
e) Sejukkan, kemudian sejukkan sehingga set.

70. Pai Banoffee Klasik

BAHAN-BAHAN:
UNTUK KERAK:
- 1 1/2 cawan serbuk keropok graham
- 1/2 cawan mentega tanpa garam, cair

UNTUK PENGISIAN:
- 2 (14 auns) tin susu pekat manis (untuk dulce de leche)
- 3 biji pisang masak besar, dihiris
- 2 cawan krim putar
- Cukur coklat (pilihan)

ARAHAN:
a) Untuk membuat dulce de leche, letakkan tin susu pekat manis yang belum dibuka dalam periuk besar berisi air mendidih selama kira-kira 3 jam. Pastikan tin terendam sepenuhnya di dalam air pada setiap masa. Biarkan ia sejuk sepenuhnya sebelum dibuka.
b) Campurkan serbuk keropok graham dan mentega cair dalam mangkuk. Tekan campuran ini ke bahagian bawah hidangan pai untuk membuat kerak.
c) Sapukan dulce de leche yang telah disejukkan ke atas kerak.
d) Lapiskan hirisan pisang di atas dulce de leche.
e) Teratas pisang dengan krim putar.
f) Hiaskan dengan serpihan coklat, jika mahu.
g) Sejukkan pai di dalam peti sejuk selama beberapa jam sebelum dihidangkan.

71. Banoffee Kek keju

BAHAN-BAHAN:
UNTUK KERAK:
- 1 1/2 cawan serbuk keropok graham
- 1/2 cawan mentega tanpa garam, cair

UNTUK PENGISIAN:
- 16 auns keju krim, dilembutkan
- 1/2 cawan gula
- 1 sudu teh ekstrak vanila
- 2 biji pisang masak, tumbuk
- 1/4 cawan dulce de leche
- 2 biji telur besar

UNTUK TOPPING:
- 2 biji pisang masak, dihiris
- Krim putar
- Hujan renyai-renyai Dulce de leche
- Coklat parut (pilihan)

ARAHAN:

a) Campurkan serbuk keropok graham dan mentega cair, kemudian tekan ke bahagian bawah kuali springform untuk membuat kerak.

b) Dalam mangkuk adunan yang besar, pukul keju krim sehingga rata. Masukkan gula, vanila, pisang lecek, dulce de leche, dan telur, dan pukul sehingga sebati.

c) Tuangkan inti kek keju ke atas kerak.

d) Bakar pada 325°F (160°C) selama kira-kira 45-50 minit atau sehingga set. Biarkan ia sejuk dan sejukkan.

e) Sebelum dihidangkan, masukkan hirisan pisang, krim putar, sedikit dulce de leche, dan coklat parut sebagai topping.

72. Lelaki Kuning Inggeris

BAHAN-BAHAN:
- 1oz mentega
- 8oz gula perang
- 1 lb sirap emas
- 1 sudu air pencuci mulut
- 1 sudu teh cuka
- 1 sudu teh soda bikarbonat

ARAHAN:
a) Cairkan mentega dalam periuk, dan kemudian masukkan gula, sirap emas, air dan cuka.
b) Kacau sehingga semua bahan cair.
c) Kacau dalam soda bikarbonat, apabila campuran berbuih tuangkan ke atas dulang yang telah digris, kalis haba, pusingkan bahagian tepi dengan pisau palet.
d) Apabila cukup sejuk untuk dikendalikan, tarik dengan tangan yang disapu mentega sehingga berwarna pucat.
e) Apabila telah mengeras sepenuhnya, pecahkan menjadi kepingan kasar dan kini Lelaki Kuning anda sedia untuk dimakan.

73. Puding Fudge Dengan Hazelnut Dan Krim Frangelico

BAHAN-BAHAN:
- 150g (5oz/1 1/4 batang) mentega tanpa garam, ditambah tambahan untuk pelinciran
- 150g (5oz) coklat berkualiti baik (saya menggunakan 52% pepejal koko)
- 1 sudu teh ekstrak vanila
- 150ml (5fl oz/murah 1/2 cawan) air suam
- 100g (3 1/2oz/sedikit 1/2 cawan) gula halus
- 4 telur organik, jarak bebas
- 25g (1oz/1/5 cawan) tepung naik sendiri
- gula aising, hingga habuk
- 225ml (8fl oz/1 cawan) krim disebat lembut atau crème fraiche dicampur dengan 1 sudu besar (1 sudu besar Amerika + 1 sudu teh) minuman keras hazelnut Frangelico
- beberapa biji hazelnut panggang, dicincang kasar

ARAHAN:

a) Panaskan ketuhar kepada 200°C/400ºF/Gas Mark 6 dan griskan hidangan pai 1.2 liter (2 pain) dengan sedikit mentega.

b) Potong coklat menjadi kepingan kecil dan cairkan dengan mentega dalam mangkuk Pyrex yang diletakkan di atas kuali air panas, tetapi tidak mendidih. Sebaik sahaja coklat cair, keluarkan mangkuk dari api dan masukkan ekstrak vanila. Masukkan air suam dan gula dan gaul hingga rata.

c) Asingkan telur dan pukul kuning ke dalam adunan coklat. Kemudian masukkan tepung yang telah diayak, pastikan tiada ketulan.

d) Dalam mangkuk yang berasingan, pukul putih telur sehingga puncak kaku terbentuk, dan kemudian perlahan-lahan lipat ke dalam adunan coklat. Tuang adunan coklat ke dalam loyang yang telah disapu mentega.

e) Masukkan hidangan ke dalam bain-marie dan tuangkan air mendidih yang cukup sehingga separuh bahagian tepi hidangan. Bakar selama 10 minit. Kemudian kurangkan suhu kepada 160°C\325°F\Gas Mark 3 selama 15–20 minit lagi atau sehingga puding padat di atas, tetapi masih lembut dan kabur di bawahnya dan kenyal pada dasarnya.

f) Ketepikan sejuk sedikit sebelum ditaburi dengan gula aising. Hidangkan suam atau sejuk yang ditaburi kacang hazel panggang bersama krim Frangelico atau crème fraîche.

74. Rhubarb panggang

BAHAN-BAHAN:
- 1kg (2 1/4lb) rhubarb merah
- 200–250g (7-9oz) gula pasir
- 2-3 sudu teh herba yang baru dicincang
- ais krim, labneh atau krim Jersey tebal, untuk dihidangkan

ARAHAN:

a) Potong tangkai rhubarb jika perlu. Potong ketupat kepada kepingan 2.5cm (1 inci) dan susun dalam satu lapisan dalam pinggan kalis ketuhar tidak reaktif 45 x 30cm (18 x 12 inci). Taburkan gula di atas rhubarb dan biarkan hingga memerah selama 1 jam atau lebih, sehingga jus mula mengalir.

b) Panaskan ketuhar kepada 200°C/Tanda Gas 6.

c) Tutup rhubarb dengan selembar kertas parchment dan panggang dalam ketuhar selama 10-20 minit, bergantung pada ketebalan tangkai, sehingga rhubarb hanya lembut. Perhatikan dengan teliti pada rhubarb kerana ia boleh hancur dengan cepat

d) Hidangkan panas atau sejuk bersama aiskrim, labneh atau krim Jersi pekat.

75. Puding Lumut Karageen

BAHAN-BAHAN:
- 3 sudu besar carrageen segar
- 4 cawan susu
- 2 biji kuning telur
- 2 sudu besar madu, ditambah tambahan untuk dihidangkan
- debunga lebah, untuk dihidangkan (pilihan)

ARAHAN:

a) Basuh karagen jika menggunakan segar atau hidrat semula jika menggunakan kering, mengikut arahan pakej . Panaskan susu bersama karagen dalam kuali sederhana dengan api sederhana-perlahan.

b) Pukul kuning telur dan madu bersama dalam mangkuk kecil, kemudian tuangkan campuran telur ke dalam susu dan kacau selama kira-kira 10 minit sehingga ia pekat.

c) Tuangkan ke dalam acuan atau mangkuk dan sejukkan selama beberapa jam sehingga set.

d) Untuk menghidangkan, taburkan dengan sedikit madu tambahan dan taburkan pada debunga lebah, jika digunakan.

76. Puding Roti Dan Mentega

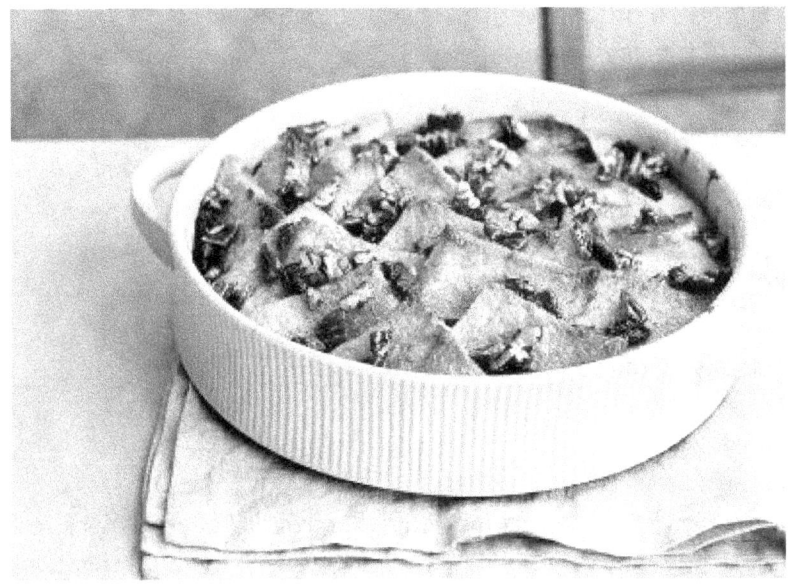

BAHAN-BAHAN:
- 1 ¾ sudu besar susu
- 250 ml/8 fl oz (1 cawan) krim berganda (berat).
- 1 sudu teh kayu manis tanah
- buah pala yang baru diparut, secukup rasa
- 3 biji telur
- 75 g/2. oz (./. cawan) gula kastor (superfine).
- 50 g/2 oz (4 sudu besar) mentega, ditambah tambahan untuk pelinciran
- 10 keping roti putih lembut
- 75 g/2. oz (. cawan) sultanas (kismis emas)
- gula aising (confectioners'), untuk habuk

ARAHAN:

a) Lumurkan pinggan kalis ketuhar.

b) Masukkan susu dan krim ke dalam kuali kecil di atas api sederhana dan masukkan kayu manis dan buah pala. Didihkan, kemudian angkat dari api.

c) Pukul telur dengan gula dalam mangkuk adunan dan tuangkan adunan ke atas krim. Kacau hingga sebati.

d) Mentega roti di kedua-dua belah dan letakkan kepingan dalam hidangan yang disediakan, dalam lapisan dengan sultanas (kismis emas). Tuangkan kastard ke atas roti dan biarkan selama 30 minit.

e) Panaskan ketuhar kepada 180C/350F/Tanda Gas 4.

f) Bakar puding dalam ketuhar yang telah dipanaskan selama 25 minit, sehingga perang keemasan dan kastard telah ditetapkan. Sebelum dihidangkan, taburkan dengan sedikit gula aising (confectioners').

77. Jeruk Bakar

BAHAN-BAHAN:
- 4 oren besar
- 150 mililiter Wain putih manis
- 1 sudu besar Mentega
- 8 sudu besar Gula
- 300 mililiter Jus oren yang diperah segar
- 2 sudu besar Wiski (dipanaskan)

ARAHAN:

a) Kupas oren dengan berhati-hati. Kemudian dengan pisau tajam keluarkan sebanyak mungkin empulur dan kulit putih, menjaga oren utuh. Potong kulit nipis menjadi jalur halus dan tutup dengan wain.

b) Masukkan oren ke dalam pinggan kalis ketuhar. Letakkan sedikit mentega di atas setiap satu, tekan perlahan-lahan, kemudian taburkan setiap satu dengan satu sudu teh gula. Masukkan ke dalam ketuhar 400F selama 10 minit atau sehingga gula menjadi karamel.

c) Sementara itu campurkan jus oren dengan gula dalam periuk dan biarkan mendidih. Kecilkan api dan biarkan ia menjadi sirap, tanpa kacau. Masukkan campuran kulit oren dan wain dan biarkan mendidih lagi, kemudian masak dengan cepat untuk mengurangkan dan pekat sedikit.

d) Ambil oren dari ketuhar dan jika tidak berwarna perang sepenuhnya, letakkan di bawah ayam pedaging sederhana selama beberapa minit. Tuangkan wiski yang telah dipanaskan ke atasnya dan letakkannya di atas api. Apabila api padam, masukkan sirap oren dan biarkan ia mendidih selama kira-kira 2 minit. Hidangkan sekaligus; atau boleh dihidangkan sejuk.

78. Kek Krim Inggeris

BAHAN-BAHAN:
- 1 adunan kek kuning
- 4 biji telur
- ½ cawan Air Sejuk
- ½ cawan InggerisCream Liquor
- 1 pek Campuran Puding Vanila Segera
- ½ cawan Minyak
- 1 cawan Pecan Panggang Cincang

SAYU
- 2 auns Mentega
- ½ cawan Gula
- ⅛ cawan Air
- ¼ cawan Bailey's InggerisCream

ARAHAN:
a) Satukan semua bahan, Kecuali Kacang, Pukul hingga sebati, kacau dalam kacang.
b) Tuangkan ke dalam loyang bundt 12 cawan yang telah digris dan ditaburkan dan bakar pada suhu 325F selama 1 jam atau sehingga ia diuji.
c) Masak kek 15 minit dan keluarkan ke atas rak. Panaskan bahan glaze hingga cair. Cucuk lubang pada kek dengan garpu daging dan sapu kek hangat dengan ½ campuran sayu.
d) Apabila kek telah masak, sapu dengan baki adunan sayu.

79. Cod Tukang kasut

BAHAN-BAHAN:
- 1½ paun fillet ikan kod tanpa kulit
- 2 auns Mentega
- 2 auns Tepung
- ½ liter Susu
- 3½ auns keju parut
- 2 auns keju parut (untuk scone)
- 2 auns Mentega (untuk scone)
- 1 sudu teh serbuk penaik (untuk scone)
- 1 secubit Garam (untuk scone)
- 1 biji telur (untuk scone)

ARAHAN:

a) Letakkan fillet ikan kod di bahagian bawah hidangan ketuhar bulat. Buat sos keju dengan setiap 2 oz mentega dan tepung, ½ l susu dan 3½ oz keju parut: tuangkan ke atas ikan. Kemudian buat adunan scone sapu 2 oz mentega ke dalam 8 tepung dengan 1 sudu kecil serbuk penaik, dan secubit garam.

b) Tambah 2 oz keju parut, sebaik-baiknya Cheddar matang atau campuran itu dan Parmesan.

c) Titiskan 1 kuning telur ke dalam adunan dan tambah susu secukupnya untuk membuat doh yang boleh digunakan. Gulungkan pada ketebalan ½ inci dan potong bulat kecil dengan pemotong scone.

d) Buang bulatan ini di atas sos, supaya ia hampir menutup permukaan; sayu mereka dengan sedikit susu, taburkan lagi keju parut di atasnya dan bakar dalam ketuhar panas (450 F) selama 25-30 minit, sehingga scone berwarna perang keemasan.

80. Kek Teh Inggeris Berkaca

BAHAN-BAHAN:
- ¾ cawan mentega tanpa garam suhu bilik
- 1 cawan Gula
- 2 sudu teh Vanila
- 2 biji telur
- 3 auns krim keju
- ½ cawan gula gula, diayak suhu bilik
- 1¾ cawan tepung kek
- 1¼ sudu teh serbuk penaik
- ¼ sudu teh Garam
- 1 cawan kismis kering
- ⅔ cawan Buttermilk
- 2 sudu teh jus limau segar

ARAHAN:

a) PANASKAN OVEN KE 325F, dengan rak di tengah ketuhar. Minyak loyang bersaiz 9 inci (kapasiti 7 cawan) dengan banyak. Habuk dengan tepung; ketuk kuali di atas sink untuk membuang lebihan tepung. Potong sekeping kertas parchment atau kertas berlilin agar sesuai dengan bahagian bawah kuali. Mengetepikan.

b) UNTUK KEK, gunakan mixer untuk krim mentega, gula dan vanila sehingga kembang. Masukkan telur, 1 per satu, pukul setiap satu hingga kembang. Tambah keju krim. Gaul hingga sebati. Ayak tepung, serbuk penaik dan garam bersama. Letakkan currant dalam mangkuk kecil. Masukkan ¼ cawan campuran tepung ke kismis. Kacau kismis sehingga bersalut dengan baik.

c) Masukkan baki tepung ke dalam adunan, berselang seli dengan buttermilk. Gaul hingga rata. Gunakan sudu kayu untuk kacau dalam currant dan semua tepung.

d) Kacau sehingga sebati. Pindahkan adunan ke dalam kuali yang telah disediakan. Permukaan licin dengan spatula. Bakar sehingga keperangan dan pencungkil gigi yang dimasukkan ke tengah keluar bersih, kira-kira 1 jam, 25 minit.

e) Kek akan retak di atas. Biarkan kek berehat dalam kuali selama 10 minit. Gunakan spatula logam fleksibel untuk memisahkan kek dari sisi kuali.

f) Keluarkan kek dari kuali ke rak penyejuk dengan berhati-hati. Sapukan sayu pada kek hangat. Biarkan kek sejuk sepenuhnya. Kek boleh disimpan 3 hari pada suhu bilik dalam foil.

g) Kek juga boleh dibekukan sehingga 3 bulan, dibalut kedap udara.

h) UNTUK GLAZE, satukan gula dan jus limau dalam mangkuk kecil. Kacau hingga rata.

81.Kek Coklat Inggeris

BAHAN-BAHAN:
- 1 biji telur
- ½ cawan koko
- 1 cawan Gula
- ½ cawan Minyak
- 1½ cawan Tepung
- 1 sudu teh Soda
- ½ cawan Susu
- ½ cawan air panas
- 1 sudu teh Vanila
- ¼ sudu teh Garam
- 1 batang mentega
- 3 sudu besar Koko
- ⅓ cawan Coca cola
- 1 paun gula gula
- 1 cawan kacang cincang

ARAHAN:
a) Satukan gula dan koko, masukkan minyak dan telur, kacau rata. Satukan garam dan tepung, masukkan secara berselang-seli dengan adunan cecair, gaul rata. Masukkan vanila.
b) Bakar dalam loyang lapis atau loyang kek pada suhu 350 selama 30-40 minit.
c) ICING: Satukan mentega, cola dan koko dalam periuk. Panaskan hingga takat didih, tanggalkan penunu, masukkan gula dan kacang dan pukul sebati. Sapukan pada kek.

82.InggerisCoffee Torte

BAHAN-BAHAN:
- 2 cawan mentega tanpa garam
- 1 cawan Gula
- ¾ cawan kopi panas yang kuat
- ¼ cawan minuman keras krim Inggeris
- 16 auns Coklat gelap separuh manis
- 6 biji telur; suhu bilik
- 6 kuning telur; suhu bilik

ARAHAN:
a) Letakkan rak di tengah ketuhar dan panaskan hingga 325F. Banyakkan mentega 8" loyang bentuk spring dan alas bahagian bawah dengan parchment atau kertas lilin. Mentega dan tepung kertas.
b) Cairkan mentega dengan gula, kopi dan minuman keras dalam periuk berat 3 liter di atas api sederhana, kacau sehingga gula larut. Masukkan coklat dan kacau hingga rata. Keluarkan dari haba.
c) Dengan pengadun elektrik, pukul telur dan kuning telur dalam mangkuk besar sehingga tiga kali ganda dalam jumlah dan membentuk reben apabila diangkat. Pukul ke dalam adunan coklat.
d) Tuang adunan ke dalam kuali yang telah disediakan. Letakkan kuali di atas lembaran pembakar yang berat.
e) Bakar sehingga bahagian tepi kembang dan retak sedikit, tetapi bahagian tengah tidak ditetapkan sepenuhnya (kira-kira 1 jam). Jangan terlebih bakar (kek akan tetap apabila ia sejuk). Pindahkan ke rak dan sejukkan. Tutup dan sejukkan semalaman.
f) Jalankan pisau tajam kecil di sekeliling sisi kuali kek untuk melonggarkan. Berhati-hati lepaskan sisi. Letakkan di atas pinggan dan hidangkan dalam bahagian kecil.

83. Yogurt Beku Krim Inggeris

BAHAN-BAHAN:
- 2 sudu besar Air
- 1 sudu teh gelatin tanpa rasa
- 3 auns coklat separa manis, dicincang kasar
- ¾ cawan susu rendah lemak
- ¼ cawan sirap jagung ringan
- ¼ cawan Gula
- 3 sudu besar Bailey's InggerisCream Liqueur
- 1 cawan yogurt rendah lemak biasa dikacau
- 1 putih telur
- ⅓ cawan Air
- ⅓ cawan susu kering tanpa lemak

ARAHAN:
a) Dalam periuk kecil, satukan 2 sudu besar air dan gelatin: biarkan selama 1 minit. Kacau dengan api perlahan sehingga gelatin larut; mengetepikan. Dalam periuk med, satukan coklat, susu, sirap jagung dan gula.
b) Masak dan pukul dengan api perlahan sehingga adunan sebati. Kacau dalam campuran gelatin terlarut; sejuk. Tambah InggerisCream dan yogurt.
c) Pukul putih telur, ⅓ cawan air dan susu kering tanpa lemak sehingga kaku tetapi tidak kering. Lipat ke dalam adunan yogurt. Bekukan dalam pembuat ais krim mengikut arahan pengilang; atau ikuti arahan penyejuk beku peti sejuk yang disiarkan sebelum ini.
d) Sentuhan InggerisCream bergabung dengan coklat untuk perubahan rentak yang menyuguhkan.

84. Pai Labu Krim Inggeris

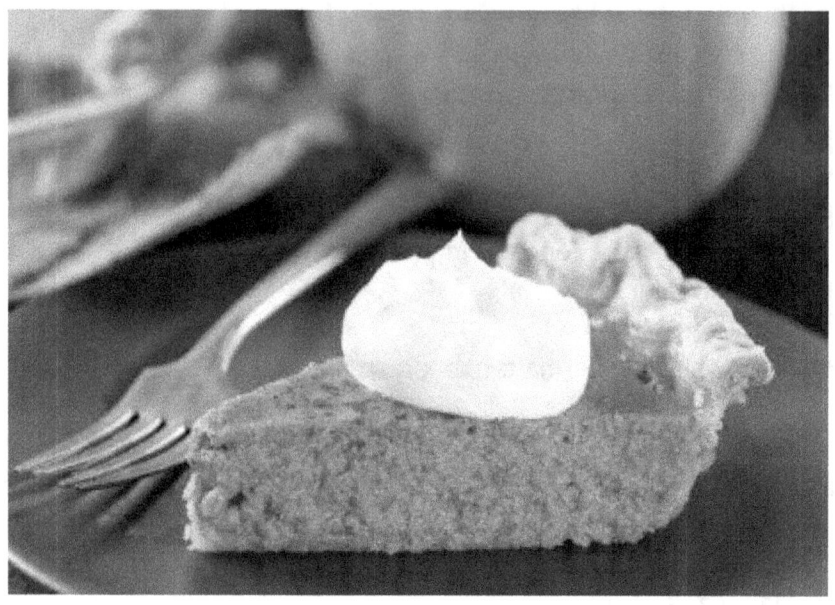

BAHAN-BAHAN:
- 1 kerak pai hidangan dalam 9 inci (anda miliki atau beku)
- 1 biji telur, dipukul sedikit
- 1 cawan labu
- ⅔ cawan Gula
- 1 sudu teh kayu manis tanah
- 1 sudu teh Vanila
- ¾ cawan susu sejat
- 8 auns Keju krim pada suhu bilik
- ¼ cawan Gula
- 1 biji telur
- 1 sudu teh Vanila
- 1 sudu besar Baileys InggerisCreme

ARAHAN:
a) Panaskan ketuhar kepada 400D.
b) Untuk inti labu, satukan semua bahan sehingga sebati dan sebati.
c) Mengetepikan. Untuk filling Creme, pukul keju dan gula hingga rata.
d) Masukkan telur dan pukul sehingga sebati. Masukkan vanilla dan Inggeriscreme, gaul hingga rata.
e) Untuk memasang: Tuang separuh daripada campuran labu ke dalam kulit pai. Sudukan separuh adunan creme pada labu. Ulangi dengan baki pengisian.
f) Putar pisau dengan perlahan untuk menghasilkan kesan marmar. Bakar pada suhu 400 selama 30 minit.
g) Kurangkan suhu kepada 350D dan tutup tepi kerak jika perang terlalu cepat.
h) Bakar selama 30 minit lagi. Pai harus bengkak di tengah dan mungkin mempunyai satu atau dua retak di atas.
i) Keluarkan dari ketuhar dan sejukkan sepenuhnya. Ia boleh disejukkan dan krim putar dilicinkan di atas.

MINUMAN

85. Piala Pimm

BAHAN-BAHAN:
- 2 oz Pimm's No. 1
- 4 oz air limau
- Hirisan timun
- hirisan strawberi
- Daun pudina
- kiub ais

ARAHAN:
a) Isikan segelas dengan ketulan ais.
b) Tuangkan Pimm's No. 1.
c) Masukkan air limau dan kacau perlahan-lahan.
d) Hiaskan dengan hirisan timun, hirisan strawberi dan daun pudina.
e) Kacau lagi dan rasai rasa menyegarkan Pimm's Cup.

86. Bunga tua Fizz

BAHAN-BAHAN:
- 2 oz kordial bunga tua
- 4 oz air berkilauan
- kiub ais
- Limau putar belit (untuk hiasan)

ARAHAN:
a) Isikan segelas dengan ketulan ais.
b) Tuangkan kordial bunga tua.
c) Teratas dengan air berkilauan.
d) Kacau perlahan-lahan untuk sebati.
e) Hiaskan dengan sentuhan limau.

87. Gin dan Tonik dengan Putar belit

BAHAN-BAHAN:
- 2 oz gin
- 4 oz air tonik
- beri Juniper
- Kulit oren (untuk hiasan)
- kiub ais

ARAHAN:
a) Isikan segelas dengan ketulan ais.
b) Tuangkan dalam gin.
c) Masukkan air tonik dan kacau perlahan-lahan.
d) Hiaskan dengan beberapa buah juniper dan sentuhan kulit oren.
e) Minum dan nikmati pengalaman Gin dan Tonik yang dipertingkatkan.

88. Kilauan Kordial Hitamcurrant

BAHAN-BAHAN:
- 2 oz kordial hitamcurrant
- 4 oz air soda
- Kismis hitam segar (untuk hiasan)
- kiub ais

ARAHAN:
a) Isikan segelas dengan ketulan ais.
b) Tuangkan kordial hitamcurrant.
c) Teratas dengan air soda dan kacau perlahan-lahan.
d) Hiaskan dengan hitamcurrant segar.
e) Nikmati Kilauan Kordial Hitamcurrant yang bertenaga dan membara.

89. Earl Grey Martini

BAHAN-BAHAN:
- 2 oz gin
- 1 oz teh Earl Grey (disejukkan)
- 0.5 oz sirap ringkas
- Limau putar belit (untuk hiasan)
- kiub ais

ARAHAN:
a) Bancuh secawan teh Earl Grey dan biarkan ia sejuk.
b) Isi shaker dengan kiub ais.
c) Tambah gin, teh Earl Grey yang telah disejukkan, dan sirap ringkas ke dalam shaker.
d) Goncang sebati dan tapis ke dalam gelas martini.
e) Hiaskan dengan sentuhan limau.

90.Kopi Inggeris

BAHAN-BAHAN:
- 1½ oz. Bushmills Hitam Bush InggerisWhisky
- ½ oz. sirap ringkas
- 2 sengkang oren pahit
- HIASAN: putar belit oren

ARAHAN:
a) kacau.
b) Tapis ke dalam kaca batu di atas ais segar. Hiaskan dengan putar belit oren.

91. Halia Campbell

BAHAN-BAHAN:
- 1½ oz. Bushmills Hitam Bush InggerisWhisky
- 4 oz. bir halia
- HIASAN: baji limau nipis

ARAHAN:
a) Tambah Bushmills Hitam Bush InggerisWhisky ke dalam gelas Collins yang berisi ais.
b) Teratas dengan bir halia. Hiaskan dengan hirisan limau nipis.

92. Kopi Inggeris Klasik

BAHAN-BAHAN:
- ¼ cawan krim putar sejuk
- 3 sudu teh Gula
- 1⅓ cawan kopi pekat panas
- 6 sudu besar (3 oz.) wiski Inggeris

ARAHAN:
a) Letakkan krim putar dan 2 sudu teh gula dalam mangkuk sederhana. Pukul sehingga krim memegang puncak yang kukuh. Sejukkan krim sehingga 30 minit.
b) Panaskan 2 gelas kopi Inggeris (mug kaca kecil dengan pemegang) atau gelas bertangkai kalis haba dengan mengalirkan air yang sangat panas ke dalamnya. Keringkan dengan cepat.
c) Letakkan ½ sudu teh gula dalam setiap gelas suam. Tuangkan kopi panas dan kacau untuk melarutkan gula. Tambah 3 sudu besar wiski Inggeris kepada setiap satu. Sudukan krim sejuk di atas kopi dalam setiap gelas dan hidangkan.

93. Punch Kopi-Telur

BAHAN-BAHAN:
- 2 liter Eggnog yang disejukkan
- ⅓ cawan gula perang; padat padat
- 3 sudu besar Butiran kopi segera
- ½ sudu teh Kayu Manis
- ½ sudu teh Pala
- 1 cawan wiski Inggeris
- 1 liter Kopi aiskrim
- Krim putar manis
- Buah pala yang baru diparut

ARAHAN:
a) Satukan eggnog, gula perang, kopi segera dan rempah dalam mangkuk adunan yang besar; pukul pada kelajuan rendah dengan pengadun elektrik sehingga gula larut.
b) Sejukkan 15 minit; kacau sehingga butiran kopi larut dan kacau dalam wiski.
c) Tutup dan sejukkan sekurang-kurangnya 1 jam.
d) Tuangkan ke dalam mangkuk penebuk atau cawan individu, tinggalkan ruang yang cukup untuk ais krim.
e) Sudu dalam aiskrim.
f) Hiaskan setiap hidangan seperti yang dikehendaki dengan krim putar dan buah pala.

94.Kopi Kahlua

BAHAN-BAHAN:
- 2 oz. Kahlua atau minuman keras kopi
- 2 oz. Wiski Inggeris
- 4 cawan kopi panas
- 1/4 cawan Krim putar, disebat

ARAHAN:
a) Tuangkan satu setengah auns minuman keras kopi dalam setiap cawan.
b) Tambah satu setengah auns Wiski Inggeris pada setiap cawan.
c) Tuangkan kopi panas yang baru dibancuh kukus, kacau.
d) Sudukan dua sudu besar krim putar di atas setiap satu.
e) Hidangkan panas, tetapi tidak terlalu panas sehingga melecurkan bibir.

95. Cappuccino Inggeris Bailey

BAHAN-BAHAN:
- 3 oz. Krim Inggeris Bailey
- 5 oz. Kopi panas -
- Topping pencuci mulut dalam tin
- 1 biji Pala

ARAHAN:

a) Tuangkan Bailey's InggerisCream ke dalam cawan kopi.

b) Isi dengan kopi hitam panas. Teratas dengan satu semburan topping pencuci mulut.

c) Topping pencuci mulut berhabuk dengan sedikit buah pala

96. Bahasa Inggeris Lama yang Baik

BAHAN-BAHAN:
- 1.5 auns Liqueur Krim Inggeris
- 1.5 auns Wiski Inggeris
- 1 cawan kopi dibancuh panas
- 1 Sudu besar krim putar
- 1 biji buah pala

ARAHAN:
a) Dalam cawan kopi, gabungkan krim Inggeris dan Wiski Inggeris.
b) Isi mug dengan kopi. Teratas dengan sebiji krim putar.
c) Hiaskan dengan taburan Buah Pala.

97. Kopi Bushmills

BAHAN-BAHAN:
- 1 1/2 auns wiski Inggeris Bushmills
- 1 sudu teh gula perang (pilihan)
- 1 sengkang Crème de menthe, hijau
- Kopi segar Extra Strong
- Krim putar

ARAHAN:
a) Tuang wiski ke dalam cawan kopi Inggeris dan isi hingga 1/2 inci dari atas dengan kopi. Masukkan gula secukup rasa dan gaul. Teratas dengan krim putar dan gerimis crème de menthe di atasnya.
b) Celupkan tepi cawan ke dalam gula hingga menutupi tepi.

98. Kopi Inggeris Hitam

BAHAN-BAHAN:
- 1 cawan Kopi pekat
- 1 1/2 oz. wiski Inggeris
- 1 sudu teh Gula
- 1 Sudu Besar Krim putar

ARAHAN:

a) Campurkan kopi, gula dan wiski dalam cawan boleh microwave yang besar.

b) suhu tinggi 1 hingga 2 minit . Teratas dengan krim putar

c) Berhati-hati semasa minum, mungkin perlu seketika untuk menyejukkan.

99.Kopi Rum

BAHAN-BAHAN:
- 12 oz. Kopi kisar segar, sebaik-baiknya pudina coklat, atau coklat Swiss
- 2 oz. Atau lebih 151 Rum
- 1 sudu besar krim putar
- 1 oz. Krim Bahasa Inggeris Baileys
- 2 Sudu Besar Sirap coklat

ARAHAN:
a) Kisar kopi segar.
b) bancuh.
c) Dalam mug besar, masukkan 2+ oz. daripada 151 rum di bahagian bawah.
d) Tuangkan kopi panas ke dalam cawan 3/4 bahagian atas.
e) Tambah Krim Inggeris Bailey.
f) kacau.
g) Teratas dengan krim putar segar dan gerimis dengan sirap coklat.

100. Penembak Wiski

BAHAN-BAHAN:
- 1/2 cawan susu skim
- 1/2 cawan yogurt rendah lemak biasa
- 2 sudu teh Gula
- 1 sudu teh serbuk kopi segera
- 1 sudu teh wiski Inggeris

ARAHAN:
a) Masukkan semua bahan ke dalam pengisar pada kelajuan rendah.
b) Kisar sehingga anda boleh melihat bahawa bahan-bahan anda digabungkan antara satu sama lain.
c) Gunakan gelas goncang tinggi untuk pembentangan.

KESIMPULAN

Semasa kami mengakhiri perjalanan kulinari kami melalui " Masakan Serantau Lengkap England," kami berharap anda telah mengalami kekayaan dan kepelbagaian permaidani masakan England. Setiap resipi dalam halaman ini adalah perayaan perisa unik, hidangan tradisional dan kepakaran serantau yang telah menghiasi meja bahasa Inggeris sejak turun-temurun—sebuah bukti resipi yang diuji masa dan tulen yang menentukan identiti gastronomi negara.

Sama ada anda telah menikmati kemesraan pasties Cornish, menikmati kegebuan puding Yorkshire, atau menikmati hidangan manis yang diinspirasikan oleh bakeri serantau, kami percaya bahawa resipi ini telah menyemarakkan penghargaan anda untuk rasa masakan Inggeris yang pelbagai dan disukai. Di luar ramuan dan teknik, semoga "Masakan Serantau Lengkap England" menjadi sumber inspirasi, sambungan kepada tradisi, dan perayaan kegembiraan yang datang dengan setiap hidangan asli.

Sambil anda terus menerokai dunia masakan serantau Inggeris, semoga buku masakan ini menjadi teman yang dipercayai, membimbing anda melalui pelbagai resipi yang mempamerkan kekayaan dan kepelbagaian warisan masakan England. Inilah untuk menikmati citarasa asli setiap rantau, mencipta semula hidangan yang telah diuji masa dan menerima kelazatan yang datang dengan setiap suapan. Selamat memasak!

www.ingramcontent.com/pod-product-compliance
Lightning Source LLC
Chambersburg PA
CBHW071327110526
44591CB00010B/1057